# 強く美しく鍛える30のメソッド

菊地 晃
Akira Kikuchi



光文社

# プロローグ

## 仙台の小さな接骨院から

僕は仙台で小さな接骨院を営みながら、20年以上前から毎週日曜日の夜、小・中学生向けの「体幹トレーニング教室」をしています。近くの体育館を借り切って、サッカー、野球、陸上、テニスなどさまざまな競技をしている子どもたちに指導します。

その活動を始めたのは、うちの接骨院に通院する小・中学生のなかに、ポテンシャルが高いのに思うように成果が出せずに、無理なトレーニングをして、ケガをしてしまった子どもたちが多く通っていたからです。

当時、子どもたちが当たり前に行っていたトレーニングは、腕立て伏せや腹筋、ダッシュの繰り返し、スクワットなどが主流。感覚器系のトレーニングは行われておらず、パフォーマンスアップとはかけ離れた、気合いと根性、体力強化だけのトレーニングだったのです。

これらのトレーニング方法は、僕が中学生のときから行われていたもの（おかげで、僕は気合いと根性だけは身につきましたが）。それからまったく進歩していなかったのです。

僕がトレーニング指導を始めた当時は、すべての競技で小さいときから高度な技術や基礎体力を指導する英才教育が必要であると言われていました。しかし、僕にしてみれば、決して高度な指導をしていると感じることができませんでした。地域の指導者には、時間的な問題や経済的な理由で、そこまで行う余裕がなかったのかもしれません。

レベルの高い選手を育てるためには、小学生のときには、高度な基礎を積ませること。つまり、体幹の強化、バランスと応用力のある筋肉作りなどの、感覚的にも強化されるトレーニングが必要です。

僕が教えているのは、わかりやすく言うとその「体幹の強化」と、バランスを含んだ「コーディネーションの強化」です。

たとえば、もも上げ。これを子どもたちにやらせると、太ももの筋肉だけを使います。

そうすると、太ももの筋肉だけが発達し、足腰のバランスは悪化します。もも上げをする際には、足の指で地面をつかむようにして、太ももを持ち上げる——。そんなちょっとした指導を加えることで、足腰全体を使ってより効率的に、もも上げができます。また、太ももだけが太くなることもありません。

もう20年以上にわたって続けているその教室に、結弦が通うようになったのは、あいつが小学校2、3年生、僕が47歳の頃でした。

出会った頃は、ただの接骨院のオヤジと近所の小学生の関係だった僕と結弦。その頃の僕はフィギュアに関しては素人。それが、「先生、国際大会についてきて」と言われるようになり、「羽生結弦の専属トレーナー」として、結弦のコンディションを最高の状態に仕上げるため、ふたりで試行錯誤を重ねました。そこから教わったことがたくさんあります。

世界を相手に闘う結弦と共にして辿《たど》り着いた、心と体の鍛え方。これはフィギュア選手だけでなく、さまざまな競技で頑張っている小学生や中学生、さらには指導者、ストレス社会で生きるビジネスパーソンなど、すべての方に参考にしていただけるはずです。本書でお伝えする、心と体の鍛え方——。実践していただければ幸いです。

目次

## 第2章 国際大会への帯同

## 第3章　専属トレーナーの仕事術

## 第4章　心を整え、緊張と向き合う

## 第5章　体の声を聴く

文・構成／山内太
ブックデザイン／華本達哉
イラスト／株式会社ウエイド
写真／加治屋誠（15、139ｐ）
アフロスポーツ　長田洋平（85ｐ）
その他、著者提供

# 第1章

# 日曜夜の体幹トレーニング

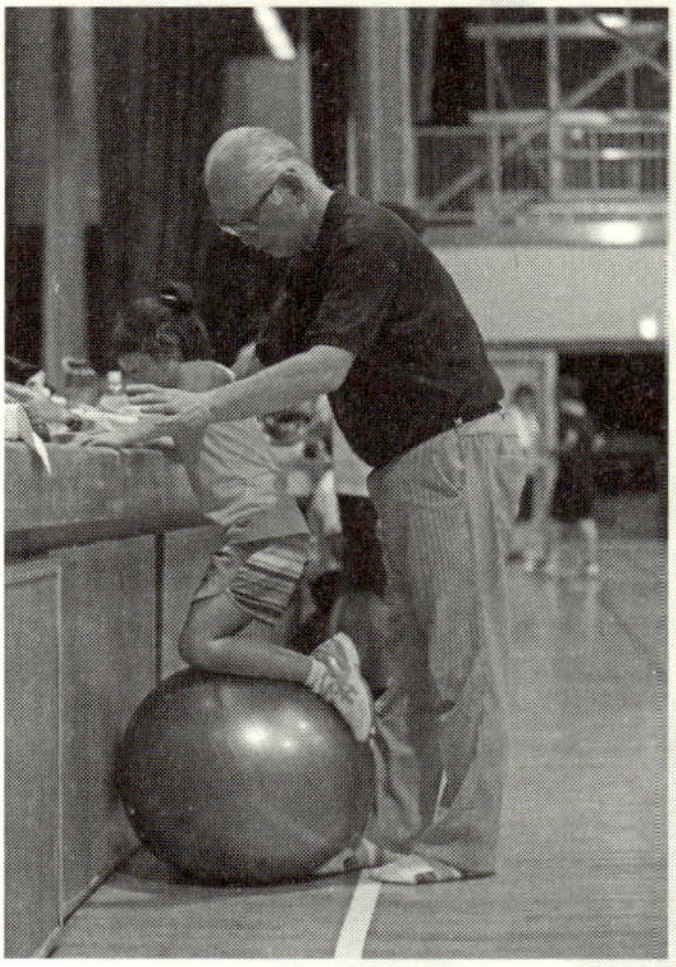

# 平均台の上の、特別な男の子

天性の素質があるとすれば、結弦の場合、人を惹きつける力です。

ジャンプの練習で足首をひねった結弦が僕の接骨院に来たのが、小学2年生のとき。捻《ねん》挫《ざ》が完治した結弦は、僕が指導する「体幹トレーニング教室」に通うようになりました。

体育館で体を動かす結弦は、施術室でボソボソと話す子とは別人でした。まず体の動きが、普通の子とまったく違うんです。姿勢がよくて、すべての動きのなかに、流れがあるというか……。フィギュアをやっている選手の特徴かもしれません。

たとえば結弦の走り。

子どもは速く走ろうとすると、姿形はどうでもよくて脚をドタドタさせますよね。でも、結弦は、リズミカルで軽やかに走っていくんです。かといって走るのが遅いわけではない。走る姿勢も柔らかさと美しさを感じさせ、どこか人を惹きつける。「面白いヤツだな」と目に焼きつけられました。

でも、僕のトレーニングでは、どんなときでも練習熱心というわけではありません。スケートの練習は一生懸命やっていましたが、体育館でのトレーニングでは、よくサボっていました。

力を抜いて走ったり、ダラダラやったりしていると、僕は竹刀《しない》を持って「コラ〜！」と怒鳴る。すると結弦は「うわ〜、やだ〜！」と逃げ回る。そんな追いかけっこをいつもしていました。

もうひとつ「こいつは、面白いな」と感心したのが、サーキットトレーニングをしているときです。

サーキットトレーニングは、走りながらハードルを跳んだり簡単なジャンプを入れたり、いくつかのトレーニングを組み合わせる練習法です。呼吸器系を鍛えるのに適しているので、よく子どもたちにやらせていました。

そのときのメニューは、最後に平均台を渡るものでした。

運動神経のいい結弦があまりにも簡単に平均台を渡りきってしまうから、僕としては面白くないわけですよ。

「なに、おめえ、ただ渡るだけなんだよ、お前の競技はなんだ？　美しさを表現することだろう。それをやれ！」

と無茶な指導をすると、彼は平均台の上で、フィギュアのポーズをしながら渡りはじめたんです。

まわりにはちょっとヤンチャな子どもたちもいます。みんなの前でフィギュアのポーズをさせるると、からかわれると思って普通、嫌がりますよね。

でも、結弦は、同じ年頃の子どもたちの前で堂々とフィギュアの決めポーズをしてみせました。フィギュアの場合、演技のときのポーズや衣装を「恥ずかしい」と思ったら長続きしません。とくに男の子だったらなおさらですよ。

いい意味で、目立ちたがり屋なんですよね。

しかもそのポーズには、人を吸い寄せる力がそこはかとなく感じられたのです。

そんな結弦のフィギュアの動作を見ながら、「あーこの子は、心の底からフィギュアが好きなんだな」と思っていました。

自分がやっているものをどれだけ好きになるか。それはフィギュアに限らず、上達するためのなによりの近道です。

# 伸びる子どもはみんな「頼み上手」

結弦が練習していたのはコナミスポーツクラブ泉・スケートリンク（現・アイスリンク仙台）で、そこで練習したあとにうちの接骨院に寄るのが日課でした。

故障したところが見つかれば、その処置をします。とくに痛めているところがなくても、普段からマッサージやテーピングを施していました。そのうえ、体育館での「日曜夜のトレーニング」にも通ってきていましたから、結弦とは、ほぼ毎日のように顔を合わせていたのです。

最初の頃は無口だった結弦ですが、気がつくと、とにかくよく話すようになっていました。とはいっても、あいつが話すのはフィギュアのことばかり。

「アクセルはこうで、ループはああだ」と、僕の施術を受けながら、いつまでも話しかけてくるのです。

フィギュアにはまったく関心のない僕は、

「知らねえよ、そんなもの！」

「黙って、マッサージを受けていろ！」

と言うだけ。それでも、あいつはひとりで話し続けていました。当時から、あの子の頭の中は、フィギュアのことだけでした。

毎日のように顔を合わせていたけれど「遊びたい」とか「スケートをやめたい」という愚痴は聞いたことがありません。

結弦本人は、小学校低学年の頃に、フィギュアの練習量が多く、女の子のスポーツという意識があってか、家族には「野球をやりたい」と話していたようですが、僕の前ではそんなことを口にしたことがありません。

小学生なら当たり前のように、テレビゲームや漫画の話をすると思うんですよ。でも、当時のあの子からは一切聞いたことがありません。テレビを観ていると言うから、なんの番組か聞いてみたら、プルシェンコ選手の演技を録画したビデオ。それを毎日、テープがすり切れるまで観ていたようです。


練習が終わった結弦がうちの接骨院に来るのは、いつも夜です。そんなときは、どうしても接骨院の診療時間を延長するしかありません。僕は毎日遅くまで接骨院を開けて、結弦が来るのを待っていました。

「先生、明日も練習のあとで来てもいいですか？」

と、小学3、4年生の子が申し訳なさそうにお願いするのです。

親が頼んできたら、こちらも断ることもできますが、小学生に言われたら、

「いいよ、開けて待っているから来いよ」

と言うしかありません。

頑張っている子には、なんとかしてあげたいと思うのが普通じゃないですか。僕もいつしか、楽しみに待つようになっていました。

それに結弦は、小学生のときからどこか頼み上手でした。

しかも、頑張っているのは結弦だけではありません。結弦の家からうちの接骨院までは車で来ます。連れてくるのは、いつも彼のお父さんでした。

さらに、お母さんやお姉さんが、夜遅くまでかけて結弦のフィギュアの衣装にキラキラ光るクリスタルストーンを一つ一つ縫い付けているとも、本人から聞いたことがあります。

そんな話を聞くと、なおさら応援したくなります。

2004年10月に行われた、小学3、4年生が出場する全日本ノービスB（9歳以上10歳以下）では、初出場して初優勝。スケーターとして順調に成長していきました。

結弦だけではありません。日曜夜の体幹トレーニングに来る子どもたちは、みんな「頼み上手」で熱心で、心の底から応援してあげたくなります。

## ジャンプで体の軸を整える

アスリートとして成長していく結弦の体に合わせ、マッサージ中の会話の内容も、少しずつ変わっていきました。

たとえば、小学4年だった結弦が、練習や試合直前の水分の摂《と》り方を聞いてきたことがありました。

「先生、練習中や試合前は、水をどうやって飲めばいいの？」

「水が欲しくなるのはどういうときだ？　血液の濃度が上がってきているときだろう。俺たちの時代は、練習中にいくらのどが渇いても、水を飲んだらダメだったんだぞ。でもな、それは間違いだ。お前たちは、しっかり水分補給をすることが大事だ」

と説明すると、興味深そうにしている。

「へえ、そうなんだ、じゃあ、ガーッと飲んでいいの？」と言うから、

「違う、違う！　体が吸収できる分だけ飲むんだ。それ以上飲んだら、お腹がガバガバになるじゃないか。ジャンプが跳べなくなるぞ」

と話すと、結弦の目が輝きます。

「まずは、一口飲んで口を湿《しめ》らせろ。それを2回ぐらいやっても、まだのどが渇いているようなら、もう一口だけ飲めばいいんだ」と教えました。

試合前のウオーミングアップについて質問されたことがあります。

「6分間練習の前のウオーミングアップはどうすればいいの？」

フィギュアでは、演技をする選手たちが、本番前に6分間の練習をします。それを「6分間練習」というんですが、そんなことさえ知らない当時の僕は、自分が少林寺拳法をしていた経験から、格闘技のウオーミングアップを指導しました。

いまにしてみれば、フィギュアと格闘技では、まったく違うのに……。僕も適当なもの

でした。

それでもあいつは、ふんふんと真剣に耳を傾けていました。

あるとき僕がジャンプの話をしたときも、結弦は興味深そうな顔で聞いていました。

「なあ、結弦、ジャンプはな、跳ぶときに脚をバーンと伸ばさないといけないんだぞ」

つまり、高くジャンプするためには、足首だけで跳んでもだめなんです。ハムストリングス（太ももの裏側）、股関節《こかんせつ》、お尻のまわりまで、足腰の筋肉をすべて使わないと高く跳べません。理想はジャンプしたときに、股関節とかかとを結ぶ線が一直線になること。ひざ、股関節、腰全体で体を持ち上げることが大事です。もちろん、上半身の使い方、肩から指の先までの使い方によって、高さに大きな違いが出てしまいます。

そんな話をすると、結弦はじっと黙って聞いているわけですよ。

「普通の子どもは、跳んでみろ、と言うと、足首だけでジャンプしようとするんだ。でも、いいか、結弦、足首じゃないんだよ。地面からの反発力を効果的に使うためには、軸がぶれていたらダメだ。脚全体を伸ばせば軸がぶれない。そのためには、股関節の下に足首がないとダメだぞ」

そう言うと、結弦は目を輝かせるわけです。

実を言うと、これは陸上での跳躍の話で、氷上でのフィギュアのジャンプとはまったく違うものでした。

僕も、結弦に得意満面で話した後に、ひょっとしたら氷上とは違うんじゃないかと気づいたんですが、しばらく黙っていました。

あの子のすごいところは、自分なりに考えられることです。

僕が話したことを、自分なりに解釈して、「脚を伸ばして跳ぶということは、リンクではこうしたほうがいい」と、自分なりに吸収できることなんです。小学生なのにすごいですよね。

結弦が東北高校に入学した頃に、こう言われたことがあります。

「小学生のときに、先生から教えてもらったジャンプは、陸上でのジャンプの理論ですよね？」

「実は、俺もフィギュアのジャンプとは違うと思っていたんだよな……」と、誤魔化すしかありません。

「でも、あのとき先生が言ってくれた、脚を伸ばすイメージがわかった気がします」

と話したんです。

実際、結弦のジャンプを見てもらえばわかります。頭のてっぺんが上から糸でスーッと引っぱられるように浮き上がっていきますよね。軸がぶれていません。

あの子は、僕が話したことを自分なりに理解して、自分に活かすためには、どうすればいいかをつねに考えることができるんです。

ちなみに軸とは、体の中心軸のこと。そこは体幹の強さが欠かせません。

体幹とは、手脚や頭を除いた胴体のことです。とくに腰まわりの腹筋、背筋から股関節にかけた部分は、いわば体の土台です。体幹トレーニングでは、腹や腰まわりの筋肉を鍛えます。それによって、骨盤や背骨が安定していくのです。

体幹とともに大切なのがコーディネーション。これは五感で得た情報を頭で判断し、具体的に筋肉に伝える能力のことです。すばしっこさや勘の良さなど、スポーツ技術を支える能力やバランス感覚を高めます。

バランスボールに乗りながらキャッチボールをしたり、ラダー（はしご状の紐《ひも》）やミニハードルを使うなどさまざまな運動をしたりすることで、体幹を意識した体の動かし方やコーディネーション能力が身につきます。

このような基礎的な能力がアップしてくると、手や脚の使い方が変わってきます。手脚に負担のかからない動かし方が自然にできるようになるのです。またバランス感覚や姿勢がよくなり、足腰を痛めることも減っていきます。小学生のうちにこれらの能力を鍛えることで、その後もケガをしにくい体になっていくと考えているのです。

僕は接骨院を経営しています。本来なら、故障した選手や子どもたちが来ることで、うちの接骨院は潤うはずです。ケガをしない体作りを教えるということは、経営者としては正反対のことをやっているわけです。

それでも、なんとかしなければと思い、「体幹トレーニング教室」を始めると、多いときは50人近くの子どもたちが来てくれるようになりました。今では、体幹やこれらのトレーニングの重要さがさかんに言われていますが、その頃は、ちょっと珍しかったのかもしれませんね。

実践メソッド
1

体の中心軸を整えて不調を解消する

# 骨盤リセット・エクササイズ

結弦がいつもジャンプの際、心がけていたのは体の中心軸がぶれないことです。このぶれはアスリートにかぎらず、誰にとってもさまざまな不調を招きます。

体の中心軸のぶれは、骨盤を支える筋肉や腰椎《ようつい》などの腰まわりにストレスがかかることで生じるのです。腰まわりの左右のバランスが悪くなると背骨に負担がかかります。その結果、背骨を通る神経、血液やリンパ液などの流れが滞ります。

長時間のデスクワークをしたり腰が重いと感じたりしたときには、オフィスにあるようなキャスター（車輪）付のイスで、グルグル動きまわるだけでも、骨盤まわりの筋肉がほぐれ、体の中心軸が元に戻ります。

**1**　キャスター付のイスに背筋を伸ばして座る。

**2**　脚だけを使って２〜３メートルを行ったり来たりと移動する。

**3**　上半身を左右にゆすったり、脚を固定して腰だけでイスを前後左右に動かす。

実践メソッド
2

## 美しい姿勢を保ち、内臓機能を高める
# 体幹アップ・スクワット

高くジャンプをするような競技では、長い手脚が、体の中心軸をぶれさせたり、手脚に負担がかかったりしてケガにつながることがあります。美しいジャンプを支えるのは体幹です。とくに腹部の体幹の強さが、質の高いジャンプを支えているのです。

「体幹トレーニング教室」で、しつこく指導してきたことは、上半身だけでバランスをとるのではなく、腹部の体幹を使って、全身のバランスをとることの重要性でした。

とくに正しい姿勢を維持したり内臓を支えたりする、お腹の内側をコルセットのように取り囲む腹横筋《ふくおうきん》、背中側の深層筋で椎骨《ついこつ》を安定させる多裂筋《たれつきん》を鍛えることです。ところが、この筋肉はインナーユニットといわれ、体の深部にあるため鍛えることが難しいのです。

「体幹トレーニング教室」に取り入れていた「体幹アップスクワット」は、深部にある体幹を鍛えます。インナーユニットが強いと、正しい姿勢が維持され、内臓機能も向上していくのです（スパイラル体操）。

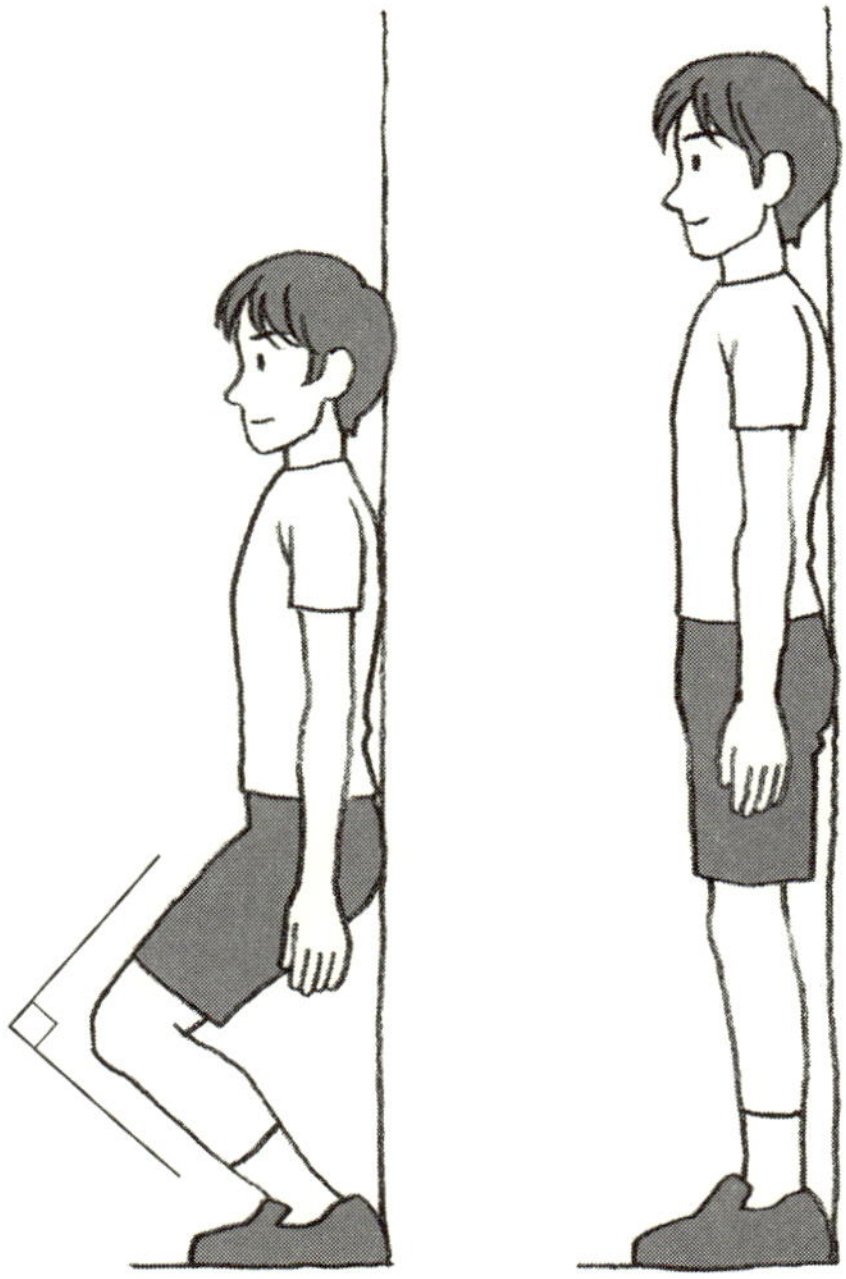

**1** 壁を背にしてまっすぐ立つ。両脚は肩幅に開き、頭、腰、かかとは壁につける。

**2** 壁を支えにして、息を吐きながら、ゆっくり腰を下ろしていく。ひざが 90 〜 120 度になるところまで曲げる。

**3** 息を吸いながら、ゆっくりひざを伸ばして **1** の姿勢に戻る。回数は 5 〜 10 回。自分の体力に合わせて行う。

**4** 壁際から足一つ分前に出した状態で、**2** を行う。回数は 5 〜 10 回。

## 世界に駆け上がる

結弦は、中学校に入ると同時に、遠征や練習の時間と重なったため、「体幹トレーニング教室」から〝卒業〟しました。しかし、小学生のうちにある程度、体幹やその他の必要な能力は鍛えられていたと思います。

でも、それだけで結弦が、あれほど成長していくはずがありません。

あの子が、能力を鍛えるトレーニングに毎週通っていたことは事実です。僕も、体を動かすときは中心軸を意識することを指導しました。その結果、結弦は体の軸が安定し、ムダな動作が少なくなり、バランス感覚もよくなりました。

また、合図に合わせて違う動作をさせるトレーニングを多用したことで、視覚（目）や聴覚（耳）から脳に入った情報で、筋肉や関節などを素早く適切に反応させるような感覚器系も向上したかもしれません。

でも、他の子どもたちにも同じように教えていました。

結弦が違うところは、小学生のときから「強くなる」「上手になる」「勝てる」という言葉に敏感だったこと。貪欲《どんよく》と言ってもいいかもしれません。

それに加えて、素直さがあります。フィギュアが上手くなりたい、強くなりたい、勝ちたい――。純粋なまでに、その意識が強かった。そのためには、フィギュアについて何も知らない僕のアドバイスにも真摯《しんし》に耳を傾けるんです。僕の言葉のなかに、少しでも自分が上手くなるヒントを探求していたのです。

ジュニア時代でも、競技に対する意識の高さがありました。

15歳で優勝した世界ジュニア選手権に行く前には、

「先生、世界ジュニア選手権だけは勝たないといけないんです」と言うんです。

「そうなの？」と返すと、こう説明してくれました。

「世界ジュニア選手権には、体調が悪かったり運が悪かったりして、ジュニアグランプリファイナルに勝ち進めなかった選手も出てくるんですよ。だから、すごくレベルが高い。そこで絶対に勝ちたいんです」

あの子はジュニアグランプリファイナルでも優勝をしていましたが、そこで満足していなかったのですね。

世界ジュニア選手権の前に、結弦はひざを痛めていました。そこで、テーピングの巻き方を教えてほしいと頼まれて、教えたことがあります。

舞台を世界に移しても、結弦はあいかわらず毎日の練習後や遠征から戻ったあと、うちの接骨院にやってきて、マッサージ、整体、テーピングなどの施術を受けていました。

そんなときに接する結弦は、普通の男の子でした。大会で痛めた足の甲の痛みをテーピングでとったときは「先生、痛みがなくなった」とうれしそうに小躍りする。そのときちょっと生意気なことを言ったから、「もうやってやんねえ」と冗談で言うと、今度は口をとがらす。世界で闘っていようが、僕の前では、普通の中学生でした。

## 震災後に鍛え上げられた筋肉

世界ジュニア王者となって東北高校へ進学した結弦は、15歳でシニアデビューしました。その初戦の2010-11シーズン、10月のグランプリシリーズNHK杯では、初めて4回転ジャンプを成功させ4位に入賞。10年11月、モスクワで行われたグランプリシリーズロシア杯では7位に終わっています。

そんなシニア1年目のシーズンが終わろうとしていた11年3月11日、東日本大震災が発生しました。

あのとき僕は仕事中で、4人の患者さんを診ていました。僕の家と接骨院は高台にあるので、揺れだけで被害はありませんでしたが、すぐに電気と水道、ガスが止まりました。

「どうする？　心配でしょう、帰りますか？」と患者さんたちに言うと、「今行っても、もうどうしようもねえわ」と言うので、施術を続けていました。のんきと言うよりも、動揺していたのでしょうね。

患者さんが帰ったあとで、しばらく接骨院を閉めました。

そのうち津波で家を流されたり、自宅が倒壊したりした人たちが、近くの体育館に避難してきました。それを知り、僕は簡易ベッドを体育館に持ち込んで、被災された人たちにマッサージをして過ごしていました。

というのも、震災の夜にふと思い出したのが、僕の父親のことでした。警察官だった父は自分に厳しく、どんな状況でも人の安全を考え、不正を嫌いました。人のために生き抜いた父は、僕がもっとも尊敬する男性像です。

父だったら間違いなく避難所に行って、自分のできることを一生懸命になってやっていたんだろうな……と。

避難所でのマッサージは、僕にできることをやりにいっただけなのです。

結弦も大変な目にあっていました。

あの日、結弦は学校が終わって、いつも練習していた「アイスリンク仙台」にいたそうです。そこで震度6強が襲ったのです。

あの子は強い揺れを感じて、スケート靴を履いたままリンクを飛び出したそうです。結弦が命の次に大切にしているのが、スケート靴の刃です。スケート選手はいつも氷から上がるときにエッジカバーをつけていますよね。刃がこぼれることを嫌います。でも、そのエッジカバーを忘れるほど慌てて避難したというから、本当に怖かったんでしょう。

自宅はいつ倒壊するかわからないような状態。避難所の小学校の体育館で4日間を過ごした結弦は、フィギュアをあきらめようと思ったみたいです。

そんな結弦に、前を向かせたのもスケートでした。

いつもトレーニングしていたスケートリンクは被災。練習場所を失った結弦は、小学校のときから指導を受けていた都築章一郎コーチから声をかけていただいたのです。都築コーチは、小学生だった結弦に、スケートの基礎を教え込んだ恩師です。震災前から、横浜にあるアイスアリーナで指導にあたられていました。

それで結弦は、都築先生がいるスケートリンクへと向かったんです。

震災から半年ほど過ぎた10月頃だったでしょうか。仙台に戻ってきた結弦は、僕の接骨院に顔を出して、そのときのことを話してくれました。

僕は、その間に結弦が全国のアイスショーや震災のチャリティ・アイスショーに出演していたことを知っていました。「被災した人のために、頑張って勇気を与えたい」と、インタビューに答えていた新聞記事も読んでいました。震災から5カ月で、全国各地のアイスショーに60回も出演したというのです。自分の活躍が、被災者の力になる――。そんな思いが芽生えて、奮起したんでしょうね。

「アイスショーだと、ショーの開催地に早めに入れば練習することができたり、あとショーの合間にも自分の練習時間ができるんですよ」

と、結弦は目をまっすぐ見て話していました。

あの未曽有《みぞう》の大震災から、結弦が何を学んで、精神的にどう変わったかはわかりません。

でも、久しぶりに脚に触った瞬間に、結弦の努力をすぐに感じ取り、僕は涙が出そうになりました。

小学生のときから毎日のように見ている結弦の体です。少しの変化でもわかります。

震災後に鍛えられた筋肉が、過酷なスケート漬けの日々を物語っていました。

「被災地のために」とショーに出演する一方で、その合間には無我夢中で練習したんでしょう。アイスショーでは「何かを伝えなければ」と、全力で演技をしていたのでしょうね。

しかも、震災後に発達した筋肉は、ジャンプを跳ぶためのものだけではなく、氷に着いたときの衝撃に耐えるためのものでした。

ジャンプの着氷時に体が受ける衝撃は、体重の数百倍にまで達することがあります。それに耐えられるよう、とくにひざまわりの筋肉やふくらはぎの腓腹筋《はいふくきん》、すねにある前頸骨《ぜんけいこつ》筋《きん》を鍛える必要があります。そこがしっかりしていないと、たちまちケガをしてしまいます。

それらの筋肉を、わずか半年で見違えるように成長させていました。震災後、どれだけジャンプの練習をして、何度も転倒しては、また立ちあがっていったのでしょう。どれだけ練習すれば、あんな脚の筋肉になるのでしょう。

結弦の脚の筋肉は、うちの接骨院に来る他のスポーツ選手とはまったく違います。あいつの筋肉は筋トレで鍛えたのではなく、スケートをすることで、自然とついていった筋肉です。いわば、フィギュアをするためだけについた筋肉です。

だから、今でもあの子は言っていますよね。「自転車に乗れません」と。自転車に乗れないという意味ではなくて、僕が思うに、正確にはフィギュアで使う筋肉以外はつけたくない、ということだと思います。

自転車競技で使う筋肉は、同じスケートでも、スピードスケート選手と共通の筋肉です。スピードスケートの選手は、夏場の練習で自転車を取り入れますが、ゴツゴツと大きく盛り上がるような脚の筋肉が不可欠です。

フィギュアの選手に必要なのは、やわらかくしなやかな筋肉です。モリモリ筋肉を鍛えれば、フィギュアが上手くなるわけではありません。逆にジャンプを跳ぶ際に、筋肉の重さが邪魔になることもあります。

子どもは筋肉がついていないから、体重が軽いですよね。だから3回転とかピョンピョンと跳んでいきます。ところが4回転ジャンプを跳ぶときには、ハムストリングスやお尻の大臀筋《だいでんきん》などの筋肉の強じんさが不可欠。それに加えて、着氷したときの衝撃に耐えるための脚力が必要です。とはいえ筋肉をつけすぎると、今度は重くて跳べなくなってしまいます。トップ選手たちは、そのせめぎ合いなんです。

でも、結弦は震災を乗り越えて、4回転を跳ぶための筋肉も、着地した衝撃を吸収するための筋肉もバランス良く仕上げてきました。

あの鍛えられた脚の筋力は、東日本大震災を経験したことで、トップアスリートとして闘うことを決意した覚悟のあらわれだったのでしょう。

実践メソッド
3

## 菊地流腕立て伏せ

### 肩関節を動かしてコリを解消する

多くの子どもたちに指導してきた僕の筋トレは、ひとつの動作でたくさんの筋肉や関節を動かすのがポイント。小学生は、リズム感やバランス能力、関節と筋肉を同調させる感覚器系の力を高めることが重要です。マシーンを使った筋トレではなく、自分の体重を利用することで、五感で察知した情報を頭で判断し、具体的に筋肉に伝える感覚器系が育まれます。

「体幹トレーニング教室」で行っている《菊地流腕立て伏せ》は、首筋から背中、肩にかけて広がる僧帽筋《そうぼうきん》、三角筋など肩の筋肉、肩関節、肩甲骨《けんこうこつ》が大きく動きます。肩こり解消にもつながります。

**1** 背筋を伸ばして、ソファ（高さ 30cm ほどの固定された台などでもよい）に両腕をつく。両ひざは床につけてもよい。

**2** 両腕を伸ばした体勢から、息を吐き出しながら、ソファに右ひじをつけ、次に左ひじもつける。ひじをつけた際に、親指が外側を向いていることがポイント。

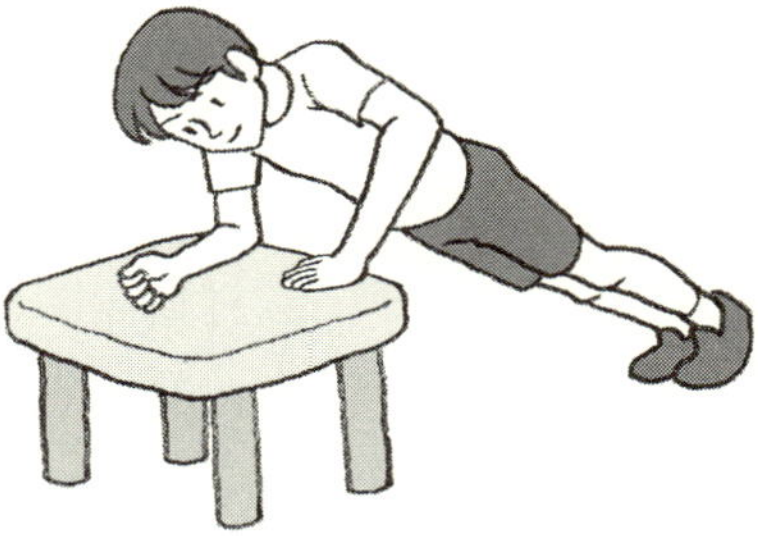

**3** 息を吸いながら、右腕を立て、左腕も立てて**1**の姿勢に戻る。

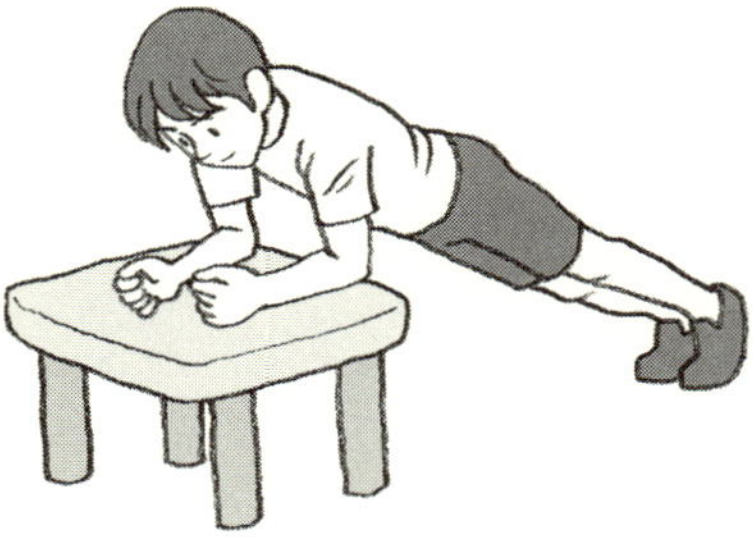

**4** 次に左腕から始めて、同じように**2**と**3**を行う。交互で１セットとし、これをテンポよく３〜５回行う。

実践メソッド
4

## 菊地流腹筋

腹筋を鍛えながら、骨盤のゆがみを解消する

背筋がピンと伸びた、見栄えのいい姿勢を維持するためには腹筋が重要です。

腹筋を鍛えるときに、寝た状態から頭を抱えて起き上がる運動では、腹部の前面の腹《ふく》直筋《ちょくきん》しか動きません。腹直筋のほかに、脇腹《わきばら》を覆《おお》っている外腹斜筋、その深層筋の内腹斜筋、さらにインナーマッスルの腹横筋《ふくおうきん》を鍛えることが大切。そのポイントは「ねじる」ことにあります。

「体幹トレーニング教室」で行っていた腹筋は、体をねじることで腹筋全体を鍛えるだけでなく、骨盤のゆがみも整え、姿勢も良くなります。

また、一般的な腹筋運動をしても、お腹まわりが気になる人には、「ねじる」腹筋のほうがより効果があるでしょう。

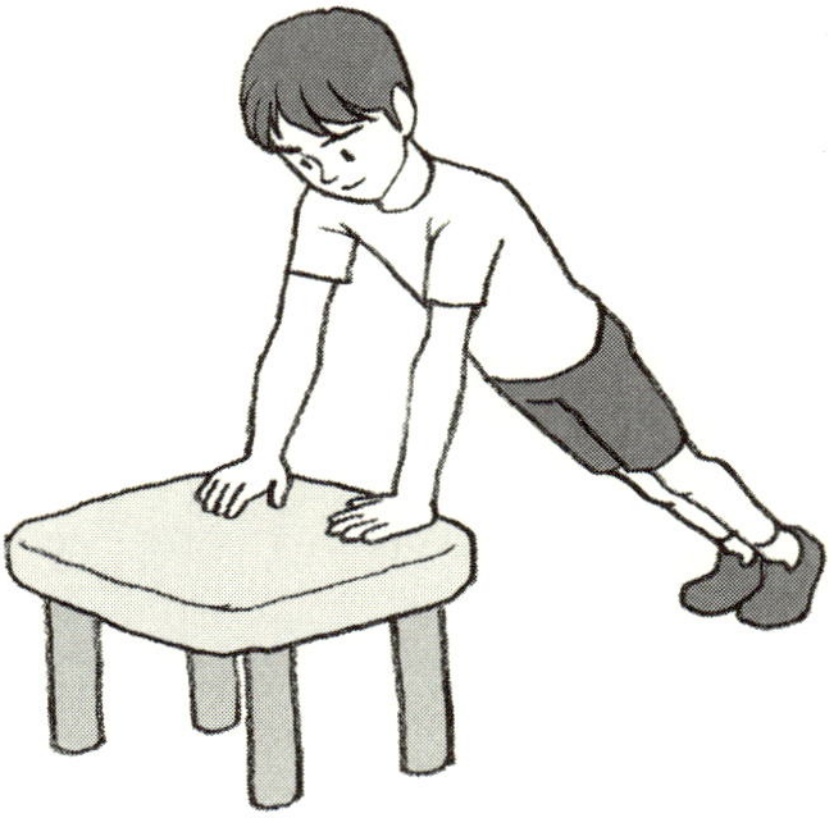

1 ①テーブルなどに手をつき、背筋が伸びるように脚をテーブルから離して、肩幅に開く。

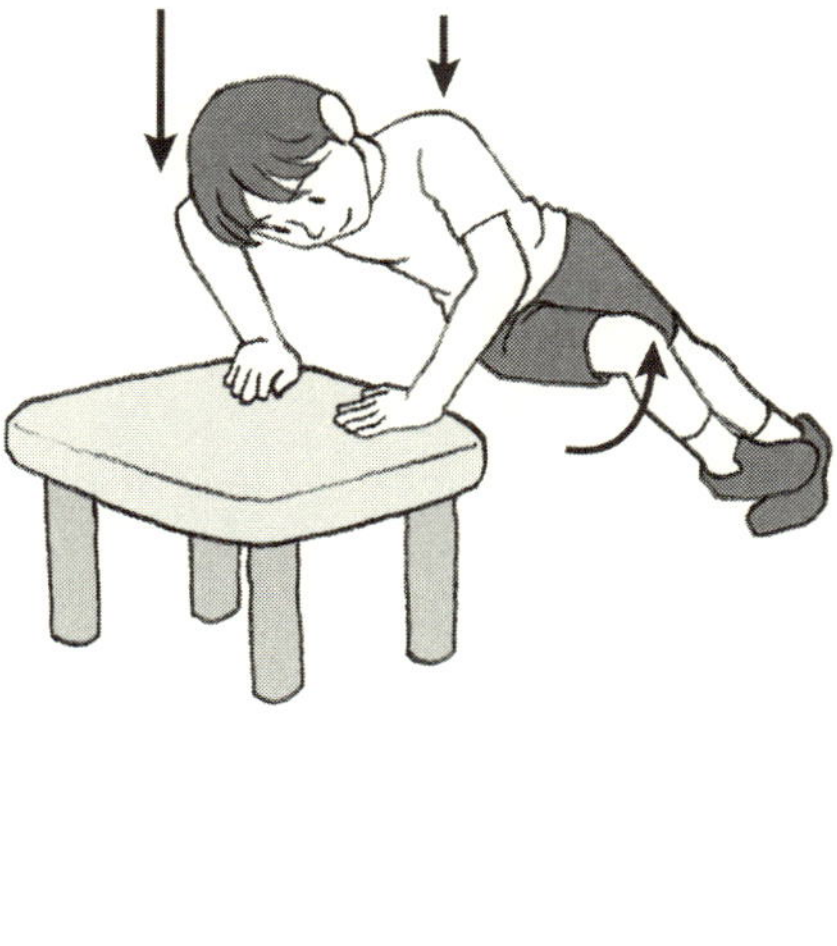

2 息を吐きながら、右脚を内側（左側）にねじり、ももを引き上げていく。このとき、両ひじを曲げる。

3 息を吸いながら 1 の姿勢に戻る。

4 左脚を 2 と同じように、内側（右側）にねじりながら、ももを引き上げる。左右交互に5回行う。

実践メソッド
5

## 体幹を鍛えながら、美しい姿勢を作る
# 自転車こぎ腹筋

姿勢の美しさを作るのは、体幹といっても過言ではありません。その体幹に必要なのは、しなやかさと強さです。

そのためには腹直筋の下にある深層筋の腹横筋、さらには脊椎《せきつい》を支える脊柱起立筋《せきちゅうきりつきん》をしっかり鍛えることがポイントです。体幹のなかでももっとも重要なこのふたつの筋肉のバランスがとれることで、きれいな姿勢が維持されます。

しなやかで強い体幹を鍛えるために僕が教えている運動が、《エア自転車こぎ》です。仰向けになり脚を下げた状態から、お腹の力でゆっくり脚を上げていくため、腹筋全体、脊柱起立筋（背中の頭蓋骨から骨盤にかけて伸びている3つの筋肉の総称）が同時に鍛えられます。

**1** 仰向けになり、両手を頭の下で組む。

**2** 息を吐き、自転車をこぐように両脚を交互に曲げ伸ばしをしながら、ゆっくり真上まで持ち上げる。

**3** 真上で脚を止めたまま、息を吸い込み、息を吐きながら同じように自転車こぎをしながら脚を床に下ろす。

**4** **2**、**3**を5～10秒ほどで1セット。3回行う。

# 股関節の痛みを乗り越えて

2010年のバンクーバー五輪では、浅田真央選手が銀メダル、高橋大輔選手が銅メダルを獲得しました。荒川静香選手のトリノ五輪から2大会連続で、日本人フィギュア選手が五輪の表彰台に上がっています。フィギュアは、世界選手権にとどまらずグランプリシリーズもテレビ放映され、しかも高視聴率をマークするなどフィギュア・ブームが起きていました。その立役者である浅田選手の活躍もあり、フィギュアはマイナー競技からメジャー競技に脱却しようとしていました。

僕が結弦の試合に初めて帯同したのは、シニア2年目の2011年11月のグランプリシリーズロシア杯です。実は、国際大会にトレーナーとして帯同することは初めての経験。それどころか、フィギュアを間近で見るのも初めてだったのです。とんでもないオヤジですよね。毎日のように結弦からフィギュアの話を聞いていながら、結弦の試合を会場で見たことがなかったのですから。

結弦とは、うちの接骨院で顔を合わせて、脚の故障を診たり、足首を固定するためにテーピングを巻いたりするという、一貫して柔整師と患者の関係でした。それでいいと思っていたからです。

スポーツトレーナーとしても、プロのアスリートではなく、地元の高校生や中学生のサポートができるだけで満足でした。実際、スポーツが盛んな東北高校や中学校の水泳部や陸上部、野球部などの選手やチームのトレーナーとして試合に帯同していました。

それでも僕がサポートした子どもたちは、学校を卒業すれば、トレーナーと選手としての関係は終わってしまいます。アスリートとして成長していく選手は仙台を離れたり、専門的にスポーツトレーナーをしている人がサポートしたりします。

「ロシア杯があるので、先生、トレーナーとしてついてきてくれない？」

結弦からそう言われたときも、軽い気持ちで「ああ、いいぞ」と答えました。

アスリートとして、結弦は着実にステップアップしていました。

「国際大会でもオリンピックでも、俺がトレーナーとして行ってやるよ」

という小学4年生のときに交わした冗談を、結弦が覚えていたかどうかわかりません。

それが実現したわけだから、少し感慨深いものはありました。

とはいえ、僕にとっては、これまでの施術に対して結弦が与えてくれた〝ご褒美〟という気分でした。まあ、いつもの施術室ではなくて、ロシアで施術するだけのこと。そんなふうにも思っていました。

しかしそのロシア杯直前の公式練習中に、結弦は股関節を痛めてしまったんです。

そのケガは、日本スケート連盟から派遣された専属トレーナーが処置をしました。僕はあくまで結弦のパーソナルトレーナーです。

ケガの状態を把握できたのは、滞在しているホテルの結弦の部屋でした。ケガの処置はされていましたが、まだ痛みが残っていて、僕はとても滑れる状態ではないと確信しました。歩くだけでも痛みが出るほどだったと思います。

「これは、(出場を) やめたほうがいいんじゃねえか?」と聞いても、結弦は「無理してでもロシア杯には出る」と言い張ります。実は、結弦がその大会で優勝すると、6大会あるグランプリシリーズのそれぞれの上位者だけが出られるグランプリファイナルの出場権を得られます。結弦は、なにがなんでもそれに出場したかったのです。

そのときになって初めて「とんでもない世界に関わったな」と思いました。試合に向けて集中している結弦には、痛みよりも、「試合に出たい」「勝ちたい」という欲求のほうが勝っていたのです。柔整師としては「出場しないほうがいい」という判断をするべきでしょう。でもトレーナーとしては、そんな選手の思いに応えなければいけないわけですからね。

僕ができることは、結弦の股関節のケアだけ。あとは足首をテーピングで固定して試合に送りだすだけです。とても痛みが消えたとは思えません。

でも、やってしまうのです、結弦は……。そのロシア杯では、ショートプログラムで2位、フリーでも2位でしたが総合241・66点で、ハビエル・フェルナンデス（スペイン）、ジェレミー・アボット（アメリカ）ら強豪選手をおさえて、グランプリシリーズで初優勝を果たしました。

その瞬間を、僕は観客席で号泣しながら見ていました。施術したとはいえ、股関節の故障はかなり重いもの。ジャンプを跳ぶことさえ辛かったと思います。とくに着氷したときには激痛があったはずです。それでも、フリーでは4回転こそミスしましたが、それ以外の7つのジャンプはすべて成功させましたからね。

こんなにすさまじい世界で結弦は闘っているんだ、と初めて知ったわけです。

観客席には日本人の女性ファンの方も大勢いて「なんでこのおじさんは号泣している

の？」という顔で見られてしまいました。でも、そんなことはお構いなく、僕は人目もはばからず泣いていました。うれしかった。本当にうれしかったんです。

このロシア杯が、僕がフィギュアの世界にトレーナーとして首をつっこむようになった最初の出来事でした。

結弦が出場する国際大会に帯同できたことは、最初で最後のいい思い出になるだろうな。そう思いながら、僕は仙台に帰ってきました。実際、その後は、僕は結弦の試合に帯同することなく、接骨院で患者さんを施術しながら、ときどき遠征から帰ってくる結弦の体をケアをするだけでした。

それにしても、その後の結弦の快進撃はすさまじいものでした。

ロシア杯のあとに出場したグランプリファイナルで4位になった結弦は、11－12年シーズンで、世界選手権に初出場して3位に。日本男子史上最年少記録の17歳3カ月で、表彰台に上りました。

そして2012年4月から、結弦はトレーニング拠点を仙台からカナダ・トロントに移すことになったのです。

海外遠征がないときは、毎日のようにうちの接骨院で顔を合わせていました。10年間も一緒にいたから、それは寂しさがありますよ。

でも、あいつは強くなるためにカナダに行くんです。結弦は上手くなりたいからトロントに行くことを決心したんです。僕から〝卒業〟していったようなものですよ。

「じゃあ、先生、行ってきます」

結弦は、海外遠征にでかけるようにして、仙台から旅立っていきました。

実践メソッド 6

## 強くて柔軟性のある下半身を作る
# 股関節ほぐし

安定したジャンプ、軸がしっかりしたスピンを可能にする身体のバランス感覚は、強くて柔軟性のある股関節が大きな働きをしています。股関節を柔らかくすると、骨盤を支えている腸腰筋《ちょうようきん》、大臀筋の深部にある中臀筋《ちゅうでんきん》などの柔軟性が保たれ、骨盤が前後に傾きすぎず、正常なポジションをキープします。骨盤が正しい傾きになると、背骨も自然なS字カーブを描くようになり、バランスがとれた美しい姿勢になるのです。

股関節が硬いと関節可動域が狭くなり、それを補うために、大臀筋や内転筋、恥骨筋《ちこつきん》によけいな負荷がかかります。その結果、左右のバランスが崩れ、ケガをしやすい体になってしまうのです。また、上半身と下半身をつなぐ股関節や骨盤まわりの筋肉がコリやすくなり、全身の血流も悪化。疲労が蓄積するだけでなく、免疫や代謝などの機能も低下します。

僕が教えている股関節をほぐすエクササイズは、単一的な動きではなく、複数の運動を組み合わせたもの。当時は匍匐《ほふく》前進もサーキットトレーニングの中にプログラムしていました。ここでご紹介するのは、座ったままできる股関節運動法です（スパイラル体操）。

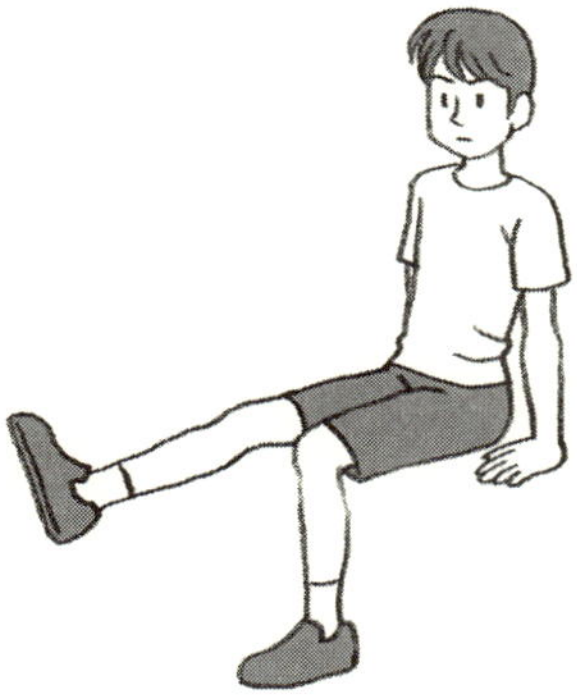

**1** イスに座った状態で右脚を上げる。つま先を上げて足首を固定（ふくらはぎが伸びていることを確認する）。

**2** 息を吐きながら、足首を固定したまま、右脚をゆっくり胸元まで引き上げ、そのまま外側に倒す。

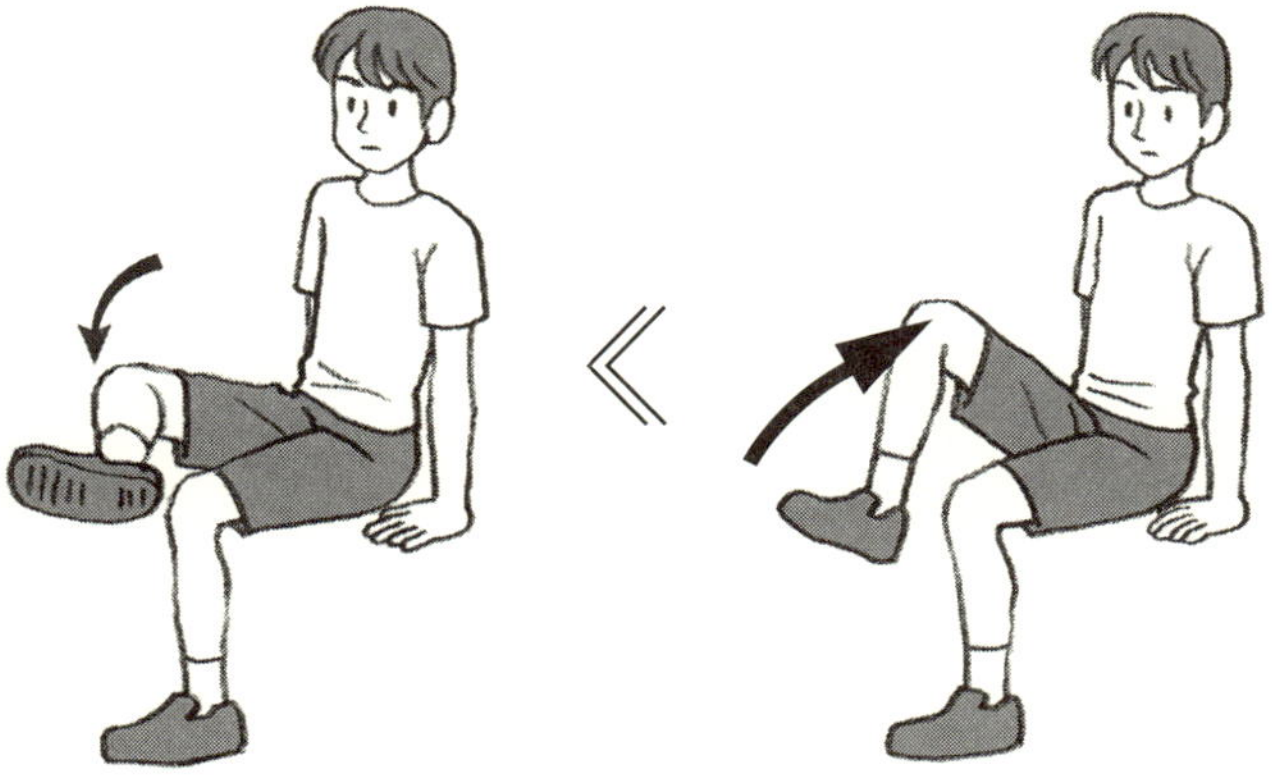

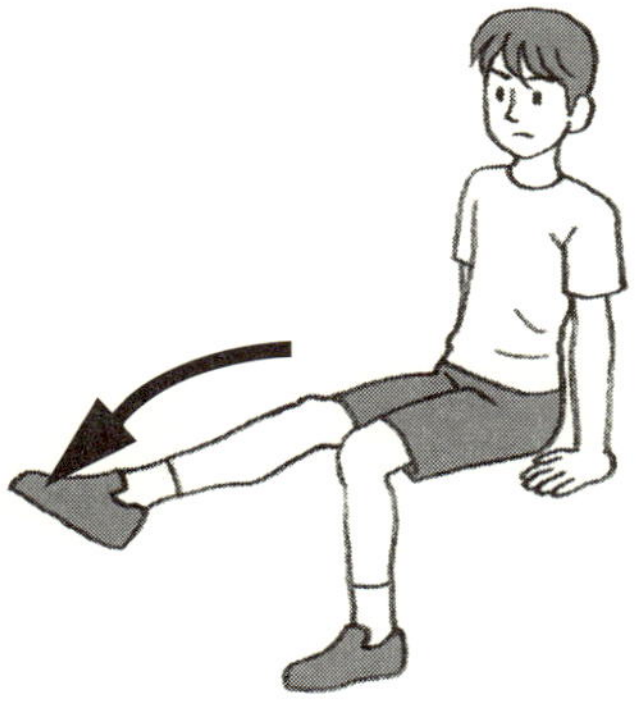

**3** 右脚を胸元に戻し、ゆっくりひざを伸ばしていく。これを 5 ～ 10 回。

**4** 左脚も同様に行う。

**5** 右脚の足首を固定せず、つま先を伸ばした状態で **2**、**3** を繰り返す。

**6** 右脚もつま先が伸びた状態にして、同様に行う。

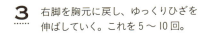

実践メソッド 7

## 美しい姿勢を作る
# 姿勢矯正ストレッチ

野球、サッカー、陸上、水泳など、多くの中高生のスポーツ選手を診てきて、ここ最近気になるのが子どもたちの姿勢の悪さです。スマホの影響でしょうか、とくに首が前に傾いている「ストレートネック」が増えてきました。彼らの首や肩を触ってみると、ガチガチに固まっていることも少なくありません。これでは、いくらポテンシャルが高くても、小手先のテクニックに走り、故障しやすくなってしまいます。

ストレートネックは、首が重さ4～6キロもある頭の重さを支えられずに起こる現代病です。頸椎（首の骨）は、本来、少し湾曲《わんきょく》しているものです。ところが姿勢が悪いと、首が頭の重さに耐えきれず、真っ直ぐに伸びきって固くこわばってしまうのです。その結果、首の筋肉にコリが出てくるのです。

このコリは、首を通る太い血管を圧迫して血流を悪くします。また首には、内臓機能の働きをコントロールする迷走神経など大事な神経も走っています。筋肉がコリ固まることで、睡眠不足や疲れやすいなど、さまざまな体調不良を引き起こします。

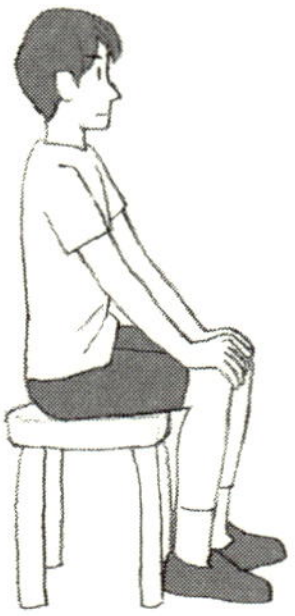

**1**
背筋を伸ばして椅子に座る。最初は、壁に背中をつけながら行うと、正しい姿勢が身につく。

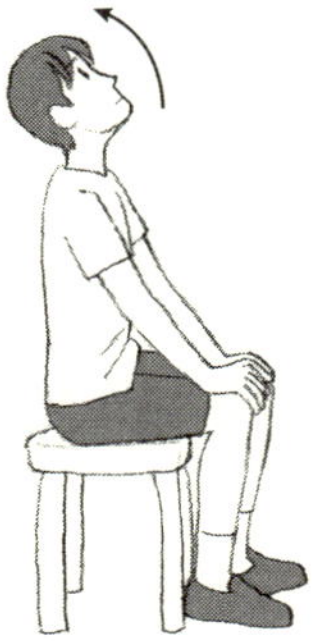

**2**
頭を後ろに倒しながら、首を伸ばす（首の伸展）。その状態で、上に引き上げられるようにゆっくり立ちあがる。

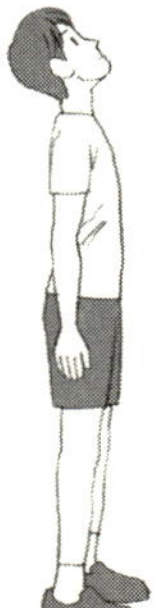

**3**
まっすぐ立ち上がったら、首をゆっくり元の位置に戻す。

**4**
立ったままもう一度、ゆっくり頭を後ろに倒し、首を伸展させる。再び首を後ろに倒し、そのままの状態でゆっくり椅子に座る。

**5**
首を元に戻し、正面を向き、背筋を伸ばしたままゆっくり座る。
（①〜⑤を１セットとして、１日７回ほど行う）

姿勢が悪く、ストレートネックになっている子どもたちに指導しているのが「姿勢矯正ストレッチ」です。これはスパイラルテープを開発した前出の田中信孝先生に教わったものので、首のコリを解消させながら、頸椎を正しい位置に戻します。

大人でも長時間のデスクワークの影響で猫背の人が増えています。正しい姿勢は見た目の美しさだけではありません。

ストレートネックや猫背の状態は、胸が圧迫されて深い呼吸ができません。しっかりした呼吸ができることは正しい姿勢になっているサインです。深い呼吸ができているか確認しながらストレッチをしてみてください。

# 第2章

# 国際大会への帯同

## 福岡GP、初めてのIDパス

17歳で世界選手権のメダリストとなった結弦は、カナダ・トロント「トロント・クリケット・スケーティング&カーリングクラブ」に移ります。名将ブライアン・オーサーが率いる名門クラブには、振付師や陸上トレーニングを指導をするコーチなどがいます。さらにはライバルでもあるハビエル・フェルナンデス選手もいます。結弦は、そんな恵まれた環境で練習を積んでいきました。

カナダに渡った結弦が僕のところにやってくるのは、年に数回程度。仙台に帰郷しているときで、挨拶という感じでした。

ところが、ソチ五輪が控えている13-14シーズン。僕の携帯電話に結弦からメールが入りました。2013年12月に福岡市「マリンメッセ福岡」で行われる「グランプリファイナル」の3週間前のことでした。

《先生、お願いがあるんですけど、福岡のファイナルにトレーナーとして来てくれません

か？》

あの子が所属しているチームには専属のトレーナーがいます。実際、その前のグランプリシリーズスケートカナダや、グランプリシリーズフランス杯では、そのトレーナーが付き添っていたはずですから。それを伝えると、

《なんかうまくいかないんです。ちょっと見てほしいんです》

というメールが返ってきました。

前のロシア杯のときみたいに、ホテルでテーピングするのかと思いましたが、今度は試合会場で、近くで様子を見てほしいと言うのです。

国内で行われる大会だし、一度きりだろうと思いながら、引き受けることにしました。

「わかった、わかった、行くよ」という感じです。

福岡市で結弦と再会し、話を聞いてみると、どうやらウオーミングアップに不安があるようです。

フィギュアでは、本番でスケート靴を履く前に、60分ほどのウオーミングアップをします。結弦は、いろんな人に話を聞いたり、他の選手がやっているのを見たりして、自分なりのウオーミングアップのメニューを組み立ててやっていたみたいです。

ところが最近の試合では、直前の調整がしっくりこなかったようです。なにしろ頼まれて「わかった、わかった」と安請け合いしたものの、さて困ったなと。僕は、格闘技の試合におけるウオーミングアップしか知りません。僕の場合、少林寺拳法の試合前に、走ったり軽い筋トレをしたりして、とにかく体を温めていました。筋肉や関節がほぐされ、ケガの防止にもなるんです。あとは気合いを入れることです。試合会場に向かうときに「どれ！　一発かまして、目立ってくるか！」という気持ち、つまり上を向く気構えが重要でした。

はたして、そんなウオーミングアップがフィギュアに適しているのだろうか……。そんな疑問を持ちながら、結弦の試合前のトレーニングメニューを考えていました。

2年前のロシア杯と違い、今回はＩＤパスがあるからリンクサイド、ウオーミングアップ場、控え室と、選手たちと同じエリアに立ち入ることができます。

「ウオーミングアップというのはなんのためにやるか知っているか？　ケガを防止するためなんだぞ」

さも知っているように結弦に言いながら、ジョギングからダッシュ、横跳びなどのメニューを指示しました。

そのウオーミングアップ場には、パトリック・チャン選手（カナダ）が黙々と走る姿がありました。当時の彼は世界ランキング1位。フィギュアの素人の僕でもわかるような一流選手です。トップ選手のウオーミングアップなら参考になることも多いだろうと、じっくり見せてもらいました。

格闘技の試合でも通用するようなウオーミングアップをした結弦ですが、グランプリファイナルのショートプログラムでは世界最高得点を更新。フリーでも首位になり、グランプリファイナルを初制覇したのです。

## 初の五輪でもトレーナーに

そして、結弦は同月に行われた全日本選手権に出場します。

さいたまスーパーアリーナで行われたこの試合は、翌年に行われるソチ五輪の代表選考会も兼ねていました。

五輪の切符がかかっている重要な大会にもかかわらず、結弦はリラックスしている様子でした。福岡のグランプリファイナルで世界王者のパトリック・チャン選手を破ったことが自信になっていたのでしょう。

そして全日本選手権を制した翌日、正式にソチ五輪男子シングル代表として発表されました。

結弦の他には髙橋大輔選手、町田樹《たつき》選手が五輪代表に選ばれていました。

「素直にうれしいです。ただ、ここがスタートラインです」

結弦は、初の五輪出場を決めた直後にこう報道陣に語っていました。

すごいですよね。あいつは小学生の頃から、「オリンピックに出たい」といつも口にしていましたからね。「うるせえな、黙ってマッサージ受けてろ!」と僕が言っても、「オリンピック、オリンピック」と話していました。その夢を叶えたわけですから。

とは言っても、ここから先の大舞台は、結弦が所属するカナダのトレーナーが担当するはずです。今度こそ「俺の仕事もここまでか」と思いながら、僕は仙台に帰ってきました。

それから数日後のこと。結弦のお父さんが突然、うちの接骨院にやってきて、一枚の紙を差し出しながら「お願いします」と言うのです。

「なんだ?」と思って紙を見てみたら、オリンピックの選手団やコーチが着るブレザーやジャージなどの寸法を書き入れる用紙でした。

「オリンピックについてきてほしいんです。1カ月と長期間になりますが……」と頼んでくるのです。「ちょっと待て、待て、なんで俺が？」と、さすがに僕も今度ばかりは慌てて言いました。

グランプリファイナルと全日本選手権には帯同しましたが、それはあくまで国内で行われた大会。海外での国際大会、しかも、オリンピックのような大きな舞台なら、さすがに専門のトレーナーのほうがいいだろうと思っていました。だから即答できませんでしたね。

それでも「先生、ぜひ、お願いします」と言われて——。

## リラックスして勝ち取ったソチの金

ソチ五輪では、結弦は団体戦とシングルにエントリーしていました。

ソチ五輪では、あの子も19歳になったばかりでしたから、プレッシャーもなくて、怖いもの知らず。僕の担当は、ウオーミングアップの指導と補助。あとは演技後のアイシングとボディケアです。

結弦には、ブライアンという有名なコーチがいます。ウオーミングアップや体調管理なども含めて、コーチが見ると思われるかもしれませんが、あくまで彼は総合プロデューサーという立場です。振付や衣装など、それぞれ担当が細かく分かれています。そのトップにいるのがブライアンコーチなのです。

選手のボディケアは、トレーナーの役目。つまり僕です。ブライアンコーチから具体的な指示はありません。その分、結弦の体を、本番までに完璧に仕上げていくことが求められているのです。

ブライアンコーチが結弦のウオーミングアップを見ないのと同じように、僕が結弦のフィギュアの技術に口を出すことはありません。そもそも、僕は素人同然。アドバイスできるはずがありませんよね。間近で演技を見るのはまだ4回目。海外遠征は2回目でしたからね。

それでもオリンピックという舞台のすごさは、僕でも感じることができました。

リンクに飛び出していく選手たちの気迫。また、テレビで見るときはいつも優しい顔をしている選手たちも、控え室では追い詰められたような表情をしている。

それだけプレッシャーのかかる大きな舞台に、結弦はいるんだと実感しました。

とはいえ、そんななかでも結弦は、あまり重圧を感じることなく、試合に臨めたように思います。とにかくリラックスをしているようでした。

実践メソッド 8

不安な感情の切り替え方①

# 緊張の糸を1本残すためのスイッチ

一流アスリートであっても、試合前には緊張でガチガチになることがよくあります。これでは本来の実力を発揮できないうえに、ケガをする可能性も高くなります。自律神経も、戦闘モードの交感神経が上がりすぎている状態。この働きを下げればいいのですが、交感神経を下げすぎると、リラックスしすぎて集中力がなくなります。

試合に臨むアスリートの表情が緊迫して、体が思い通りに動かないときは、みぞおちのスイッチを少し強く刺激します。迷走神経が刺激され、副交感神経の働きがわずか

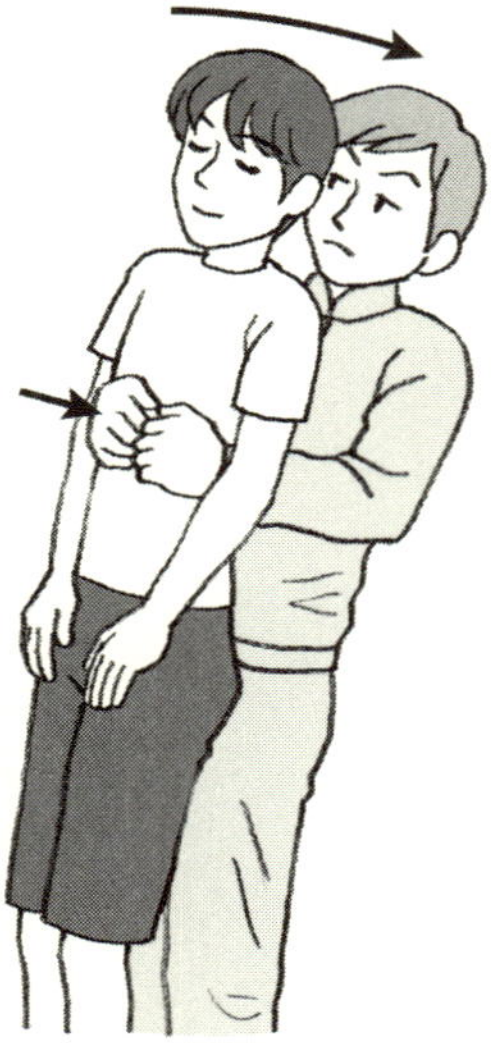

緊張している人の背後に立ち、みぞおち当たりを手で押さえ、そのまま1〜2秒ほど後ろに反らせる

に上がります。緊張の糸を1本残して、適度な緊張状態を保つ。それが最高のパフォーマンスを引き出すのです。

実践メソッド
9

不安な感情の切り替え方②
## やる気を起こさせるスイッチ

試合は「戦い」です。直前になると、自律神経でも「闘争モード」である交感神経が一気に優位になり、心拍数や血圧が上昇します。「戦い」ですから、視覚情報をたくさん得ようと瞳孔が開き、集中力も増していきます。

さらに、手のひらにしっとり汗がにじみます。これは、人間が狩りをしていた時代、滑らないように武器を握るための名残のようです。また闘争中にお腹が空いたり、尿意をもよおしたりしたら困りますから、胃や膀胱《ぼうこう》も活動を控えます。人間の体は本当に不思議です。

さらに不可思議なのが、試合に臨むときには、交感神経が上がっていることも重要ですが、最高のパフォーマンスを発揮するためには、「リラックスモード」の副交感神経の働きもしっかり働いていることが大切です。トレーナーとして、選手の交感神経と副交感神経のバランスを保たせることが難しいのです。

試合を前にしても副交感神経だけが優位に働いていることがあります。これは、あまりに交感神経が上がりすぎると「闘争モード」から「逃走モード」に変わってしまうことが原因です。

試合を直前に控えても、集中力が欠き、表情も緩み、何度もトイレに行く。そんな状態の選手には、「やる気を起こさせるスイッチ」として、自律神経のバランスを整える耳のツボを刺激します。

耳には自律神経のバランスを整えてくれるツボが多くあります。それは、耳の周囲に三叉神経や顔面神経などの神経、内頸動脈や外頸動脈といった血管が走っていることが関わっています。

重要な会議前なのに、生あくびが出たり、集中できなかったりしたときには試してみてください。「やる気を起こさせるスイッチ」をすることで、首のコリが解消されたり、緊張性頭痛が治まったりする効果もあるようです。

**1**　親指と人差し指で、両耳の矢印の突起部分を軽くつまむ。

**2**　つまんだまま、頭を中心にして左右の耳を時計回しに軽くねじる。

**3**　**2**を3〜5回繰り返す。

## ソチの街を駆け回る

結弦はリラックスして迎えたソチ五輪でしたが、トレーナーである僕にとっては大失敗の連続でした。

まずは、パトリック・チャン選手を参考にして、僕がソチ五輪に合わせて組み立てたウオーミングアップが、結弦にはまったく合わなかったことです。

公式練習で、僕が作ったウオーミングアップをやらせてみたところ、結弦の息が上がってしまったのです。理由は単純でした。パトリック・チャン選手と当時の結弦では、体力の差がありすぎたからです。

体力があるパトリック選手なら有効なウオーミングアップのメニューが、結弦にはまったく使えないことがわかったのです。

団体戦の本番までに、結弦と相談しながら、新しいウオーミングアップのメニューを急ごしらえで作り上げたという、なんともお粗末なサポートでした。

お粗末と言えば、僕の商売道具でもあるテーピングが足りなくなるという、トレーナー失格のらく印を押されても仕方のないようなミスもありました。

結弦は、基本的に1日に1回練習をします。ところがソチでは、1日2回ずつリンクで滑っていたのです。

テーピングはスケート靴を履くごとに、毎回巻き直します。練習の回数が多かった分、日本から持っていったテーピングが瞬く間に不足してしまったんです。

僕はテーピングを買うため、ソチの街を駆け回りました。薬局やスポーツ店を探しても、ロシア語の看板だからすぐにはわかりません。一軒一軒のぞいて売っていそうな店に入りますが、今度は「テーピングをください」が伝わりません。英語とジェスチャーを交えて、なんとか入手することができましたが、それだけでは、まったく数が足りませんでした。

そんなドタバタが日本スケート連盟の方の耳に入ったのでしょう。

「私たちがテーピングを用意しますから、選手のサポートをお願いします」

最初からスケート連盟の方に相談していればよかったんです。焦っていたのでしょう。僕はまったくまわりが見えていませんでした。

# 選手を慌てさせるお粗末なトレーナー

選手の心理状態を整えていくのも、トレーナーの大切な役目です。でも、ソチ五輪での僕は、結弦の心を乱してばかりでした。最大のミスは、結弦のフリー当日の朝です。前日のショートプログラムで、すべてのジャンプを成功させて、世界最高得点101・45点をマーク。結弦は、首位でフリーの演技に挑むことになったのです。

フリーの公式練習は午前10時から。ウオーミングアップの時間を考えると、選手村を8時に出発します。その前にテーピングをしますから、僕は、7時30分に結弦の部屋に行くことになっていました。

ところが、前日の結弦の演技があまりにもすばらしくて、これからフリーがあると思うと、僕の心臓がバクバクしてしまって……。いても立ってもいられなくなってしまい、自分の部屋を出てしまったんです。そして、予定時間よりも40分も早く結弦の部屋に行ってしまったんです。

「あれ〜、先生、何？　ずいぶん早いね」と言われましたが、

「いや〜、失敗すると嫌だから、早めに来たよ」

と、いい加減なことを言いながらも、僕のほうが、あきらかに切羽詰まった状態でした。

ハッキリ言って自分を失っていました。

ショートプログラムのあとに行われた記者会見が長引き、結弦が宿舎に戻ったのは深夜1時過ぎ。少しでも休ませなくてはいけないのに、

「ほら、テーピングするぞ」

「え、もう？」

その時の僕はお構いなしでした。「どうしよう、どうしよう」とひとりで焦って、ガチになっていたのです。

結弦は、五輪の魔物という普段の実力を出せなくなるような雰囲気に飲み込まれないように、平常心を保とうとしていました。さまざまな対策をしながら、五輪の魔物と闘っていたことでしょう。それを味方であるはずのトレーナーが邪魔をしているわけですからね。僕の行動があいつにいい影響を与えたとは、とても思えません。とにかく、ソチ五輪のときの僕はぶっ飛んでいました。

# 女神が微笑んだ金メダル

僕はリンクサイドで、結弦の荷物を持ちながら、フリーの演技を見ていました。

でも、最初の4回転サルコウで転倒し、連続ジャンプも失敗でした。後半にはスタミナが切れて、本来のものとはほど遠い演技に終わってしまいました。

落胆した表情で戻って来た結弦は「金メダル終わったな」とつぶやきました。僕は声をかけることもできませんでした。採点結果の発表を待つキス&クライでも、結弦は無表情のままでした。

結弦の金メダルが確定したのは、その直後、報道陣の取材を受けていたときです。

結弦も僕も、銀メダルだと思い込んでいましたが、結弦の後に演技をしたチャン選手の得点が伸びず、金メダルを手にすることができました。まさに女神が結弦に微笑んだ瞬間だったのでしょうね。

「僕が1位……。びっくりです。今日の自分の演技には満足してないですし……」

各国のメディアから取材を受ける結弦は、混乱していたようですね。

僕は、その間、あいつの脚を氷で冷やすアイシングをしながら、自然に涙が出ていました。もちろん、金メダルをとれたことがうれしかったからです。

でも、フリーの直後から、五輪チャンピオンという肩書きに満足している様子ではなかったんですよね。

あいつにとって19歳でとった金メダルは、あくまで通過点のひとつ。望んでいるのは4回転アクセルジャンプなど、誰もやったことがない技を成功させること。さらにはミスのない完璧な演技をすることでした。

そういう意味では、結弦が思い描いていたソチ五輪は失敗でした。結弦は金メダルに浮かれることなく、ソチに滞在している間は、少しでも時間を見つけて練習するためリンクに通っていました。

## あらたな闘いのはじまり

ソチ五輪の間は約1カ月間、接骨院を休業していました。だから経済的にも苦しかったんですよね。五輪の前にお母ちゃん（妻）には「世界中をまわることがお父さんの夢でもあったんだから、好きにやってくればいいよ」と送り出してもらいましたが、家計は大変だったと思います。五輪後は結弦のトレーナーという役割を離れたわけだから、これからは、お母ちゃんといる時間を大切にしたいな、とも思っていました。

オリンピック王者になったことで、結弦の周囲も大きく変化しました。スポンサーも多数つきました。これまでとは注目度がまったく違います。当然、世界で活躍する一流のトレーナーもすぐにつくだろうと思ったんです。

結弦の演技の難度は、つねに向上していきます。進化し続けます。僕には手の届かない存在のようなもの。ならば、結弦に恥じないために、僕の道で、なにができるか考えるようになったのです。

そのひとつが、僕が経験したことを接骨院の患者さんたちに活かすことでした。

結弦の試合に帯同するようになってからというもの、僕はより一層、自分の施術というものを究めてみたいと考えるようになったのです。専属トレーナーとして、たった3カ月ばかりの活動でしたが、結弦に引っぱられるようにして五輪という大舞台を体感できました。その経験を、今度は患者さんの痛みをとることに使えないかと考えたのです。

僕は、ソチ五輪の前までは、貪欲《どんよく》にさまざまな施術に取り入れて、「よっしゃ、これで痛みがとれるはず」と自己満足に陥っていました。

それで痛みがとれるのならばいいと思うかもしれません。でも、それは間違いでした。僕のスキルがよかったのではなくて、たまたま僕の施術と患者さんの体がマッチしただけのこと。僕の施術にはまらない人には効かない……。それがなんとも面白くないわけです。

本当に痛みがとれて治ったかどうか、患者さんが帰っていくときの表情でわかります。本当に治ったという満足した顔ではないんです。

ソチ五輪の前は、患者さんの表情を最後まで見ることができなかったのかもしれません。患者さんに「先生の施術が良かった」と言ってもらえることはたしかにあります。でも、そんな褒め言葉よりも、患者さんの心からの笑顔を見たいと思うようになったんです。

## スポーツ選手の〝イズイ〟に応える

もともとスポーツ選手を診ることの面白さはありました。

患者さんに「痛みがとれました」と言われたら、「よしよし」と僕も満足することができます。ところが、スポーツ選手やアスリートを目指している子たちは要求が違います。もっと高い所に求めるものがあるんです。

たとえば、仙台弁では「イズイ」という言葉を使います。「しっくりこない」「どこかひっかかりがある」「スムーズじゃない」という意味ですが、スポーツ選手は痛みをとるだけでは満足せず「まだイズイんだけど」と言ってきたり、〝イズイ顔〟で帰っていったりするんです。

感覚に鋭いスポーツ選手にとっては当然でしょうが、好き勝手なことを言ってきます。

「先生、コーディネーションが悪いんだ」と訴えてくる子もいました。

「おめえ、コーディネーションの意味知っているの？」と返すと、今度は「いや、なんだかイズインんだ」と答える。

以前までなら「気合いが足りないからだ」とひとこと言って、聞き流していたかもしれません。でも、結弦を通してアスリートとしての本気に触れてしまったことで、そうもいかなくなりました。

「あいつだったらどうするだろう」と思うと、他の競技の選手に対しても、真剣に取り組まないといけないわけですよ。

もともと施術については、いろいろ勉強してきたつもりです。

開業してから2年後、ある患者さんから、

「しばらくぶりに来たけど、先生の治療、まったく変わっていないね」

と言われたことがあります。

はじめは「俺の施術がそんなに変わるわけねえじゃん」と思ったんですが、その患者さんは帰りがけに、ものすごく寂しい顔をしていたんですよね。

当時の僕の施術は、低周波療法、マッサージ、伸縮テープ、湿布やテーピング。これのどこがおかしいんだと……。

それからは、タイ古式マッサージがいいと聞けば、タイに行って調べてみる。アーユルヴェーダがいいと聞けば、すぐに専門家に習いに行く。痛みをとる施術の世界にのめり込んでいくうちに、スパイラルテープがいいという情報と出合います。らせん状のテーピングをすることで、体のバランスを整えながら、筋肉や関節の痛みをとるスパイラルテープ。いったいどんなものだろうと、熟練者に教えを請いに出向いたこともありました。

さらには、痛みの原因は、血液やリンパ液、内分泌液などの生体の流れの停滞であり、それを押し棒で施術していくという遠絡《えんらく》療法についても耳に入ってきます。

「患部には触れずに棒を使って痛みをとる……。なんじゃそれ?」という状態。そのスペシャリストのクリニックの門を叩くこともありました。

どんどん東洋医学の奥深さにはまっていったことがあります。

「痛みをとる」を習熟したい——。結弦に引っぱられて世界の舞台を体験したことで、再びムクムクと僕の探究心が湧いてきたんです。

ソチ五輪では、トレーナーとして大失敗したことで、スポーツ選手の試合に向けての最適な調整方法も調べ始めました。

ウオーミングアップは、単純に筋肉や関節がほぐれるように体を温めるだけでいいのか？　ウオーミングアップといっても、競技によって違うんだ。フィギュアはどうすればいいのか……？　いろんな疑問が湧いてきます。

試合に向けてどのような体調管理をしているのか？　どんな心理状態で試合に臨めば、パフォーマンスを発揮できるのか？　いろいろ考えるようになりました。

一流選手に適したウオーミングアップを調べたり、自分のスキルアップも心がけて過ごしたりしていました。でも、勉強を重ねれば重ねるほど、自分のそれまでの世界が狭すぎたことに気づき、またまたつぶされそうになります。そして、また、そこから這い上がってくるということの繰り返し……。

そこには、金メダリストの顔に泥を塗っては申し訳ない、という気持ちが常にありました。

そして、いつか結弦に呼び戻されたときに、今度は、しっかりサポートして役に立ちたいという思いも少しはあったのです。

ソチ五輪後には、いくつかのメディアから取材の依頼が来ました。うちの接骨院にやってきて、話を聞かせてくれと、頭を下げられたこともあります。

しかし、ソチ五輪での失敗を考えると、あまりにみっともなくて、取材を受けることなどできませんでした。

その後も、一部のマスコミから「怪しげな整体師」「チャクラの仙人」などと呼ばれもしました。「羽生選手は洗脳されている」と噂されることもありました。でも、まったく気にしません。たしかに僕は変なおじさんです。それでいいんです。

それよりも、痛みを抱える患者をなんとかしたい。結弦を支えていたいという強い思いが根底にあるからです。

スポーツ選手だけでなく、患者さんや、体作りをするすべての人にとっての「イズイ」を解決する。それが、新たな僕の目標となりました。

第3章

# 専属トレーナーの仕事術

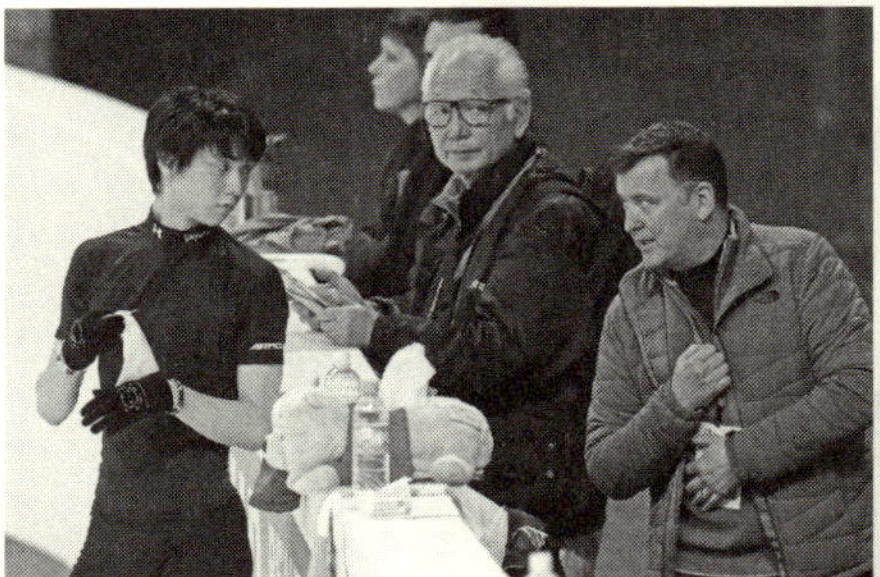

# 選手が気づかない違和感をみつける

トレーナーとして試合に帯同するときは、結弦から《何月何日の飛行機××便で来て下さい》というメールをもらい、大会の数日前、カナダからやってくる結弦とほぼ同時に現地入りします。試合が終われば、結弦はトロントに帰って練習に戻る。僕は仙台に帰り、接骨院で通常の仕事をするという感じです。

選手とトレーナーは、必ずしもつねに一緒にいる必要はないかと思います。たまに会うからこそ、微妙な変化に気づくこともあるのです。

身長だって、毎日一緒にいたら、どれだけ伸びているかわかりませんよね。寝食を共にしたからといって、選手のことがすべてわかるわけではありません。逆に、ずっと一緒にいたら、見えるものも見えなくなってしまう可能性もあるのです。

たとえば、結弦がジャンプに踏み切る瞬間を見て「いつもと違うんじゃねえか？」と気づいたことがあります。たしか、衝突事故を起こした2014年のグランプリシリーズ中国杯のときでした。

本来、トレーナーという立場上、フィギュアの技術的なことには口を出さないようにしています。しかし、どうしても気になってしまったのです。

結弦も、どこか違和感があったようです。「先生、これで録画して」とiPadを渡されて、結弦のジャンプを撮影してみました。

その違和感の正体は、結弦がジャンプに入るときに傾ける足首の角度でした。同じジャンプを跳んでも、踏み切るときの足首の角度がバラバラで、一定していなかったのです。

「毎回、足首の角度が違うよ」

結弦に伝えると、

「そうか、入り方が違うんだな。先生、ちょっとやってみる」

と、納得した表情でジャンプを繰り返し練習しはじめます。

その角度の差は、普通の人が見ても気づかないでしょう。でも何度も何度も見ていると、それがわかってくるのです。

結弦の調子がいいときのジャンプは、まっすぐ上に跳び上がります。でも、調子が良くないときは、斜めに跳びながら回転していくんです。ジャンプに入るときの足首の角度の違いはわずかでも、それが大きく影響していくんです（もちろんこれだけではありません）。

しかも、その角度の違いは、その日の体調や気分的なものなど、いろんなものに左右されます。不調なときだけでなく、調子が良すぎても、角度がバラバラになることがあります。力が入りすぎるのが原因でしょう。どこか故障を抱えているときはもちろん、スケート靴やリンクとの感触のズレ、体の中心軸がほんの少しぶれているだけでも、角度の違いが生じることがわかったんです。

そんな微妙な違いを修正できるかどうかは本人の問題。でも、ただ、その違いを見極めることも、専属トレーナーの僕にとって重要な仕事でした。

## 実践メソッド 10

## ぶれた軸がたちまち整う

## ―回転ジャンプ

高くジャンプをするような競技では、回転中にふらつきが生じることがあります。その原因は体の中心軸の微妙なぶれです。中心軸を構成するのは、体幹やバランス感覚。それが長時間座っていたり、疲労が蓄積したり、ストレスやケガによって中心軸にわずかなぶれが生じてしまうのです。体の中心軸が定まっていなければ、普段通りのパフォーマンスが発揮できません。

中心軸のぶれを確認するには、その場でまっすぐ上にジャンプして１回転してみる。回転軸がまっすぐならば、ジャンプしたところと同じ位置に着地します。着地した場所が一所に定まらないときは、軸がぶれているサインなのです。

ゴルフのジュニア選手も、遠征先のアルゼンチンから《なぜかショットが左右に大きく曲がってしまいます》というＳＯＳのメールを送ってきたことがあります。この選手も、長時間の移動で中心軸にゆがみが生じたのでしょう。ラウンド前に《１回転ジャンプをして、同じ場所に着地できるまで繰り返してみたら》とアドバイスしました。

ポイントは、ジャンプするときに力を入れないこと。全身の筋肉を脱力状態にして跳ねることを繰り返すことで、体の中心軸が戻ってくるのです。

# テーピングはミリ単位で

僕は、いつも試合会場に向かう前に、ホテルの結弦の部屋でテーピングを巻きます。ただ巻くだけではダメなんです。何も考えずに、テーピングをしてしまったら、その日の演技に大きく影響してしまいます。テーピングをきつく巻きすぎると足の可動部分がなくなり、演技に影響します。反対に緩すぎると、安定を欠いてしまうのです。

まずは部屋に入って「おはよう」と挨拶したときから、結弦の様子を見ていきます。

いつもなら「おはようございます、先生、いつもありがとうございます」と笑顔を見せますが、ときどき同じ言葉でも、少しトーンが低いときがあるんです。

「何かあったのかな」などと思いながらテーピングをしていきますが、そんなときほど「もう少し強く巻いてください」と注文が多くなるんです。

「もう少し上にお願いします」と言うことも。でも、「上」といってもたった1ミリ、2ミリぐらいの違いですよ。研《と》ぎ澄まされた感覚を持っていますよね。

「これでいいか」とミリ単位でテーピングの修正を繰り返し、「そこがいいです」という点を探っていく。

結弦の場合、あれだけ練習しているわけですから、いつも体が万全ということはありません。どこかに痛みがあったり、違和感があったりするのです。

そんな状態でも、いつもの結弦の感覚を保つ――。つまり、僕がやるテーピングは、単に脚を固定するだけではなく、結弦の足のつま先まで、あいつの思い通りの感覚に近づけるために、テーピングで修正していくことなのです。

ソチ五輪では、テーピングを一巻きするたびに「結弦、どうだ?」と聞いていました。「もう少し上にお願いします」と言われれば巻き直す。「うん、こんな感じ」と言われたら、「そうか! よっしゃ」と。こんな掛け合いばかり。僕自身が施術に自信を持てなかったのでしょう。

それからだんだん僕も、結弦の表情や会話の内容から、その日の体調や感覚のズレがわかるようになり「今日の調子だと、巻くときの強さはこれくらいだな」と、心のなかで思いながらテーピングをしていました。

結弦の感覚の鋭さは、日々進化していきます。テーピングの位置がミリ単位でズレているだけでもわかるわけですからね。僕も神経を使います。あいつが口では説明しにくい理想の感覚に、どれだけ近づけられるか……。それが僕に求められていることでした。

2018年の平昌五輪での結弦の感覚は、さらに鋭さを増していました。それでも僕は、毎朝のホテルでのテーピングも、つねに一回で完璧な状態で巻き終えることができました。

ソチ五輪のときは、僕も一発では力の配分がわからないまま、緩かったりきつく締めすぎたりして、何度も、何度もテーピングを巻き直していました。今から思えば、結弦も緊張していたのでしょう。いくら強く巻いても「まだ緩いです。もっときつくしてください」と訴えていました。こんなにも強く、尋常じゃない巻き方でいいのだろうかと思うほど。ふたりとも精神的に余裕がなかったんでしょうね。

でも、平昌五輪ではテーピングを巻いて「これでいいか？」と言うと、結弦がすかさず「OK」を出すという感じでした。

結弦は会見で「僕はオリンピックを知っている」と語っていましたが、まさしくそれを実感しました。五輪の舞台を経験した者とそうでない者との違い。トレーナーの僕でさえ、精神的に落ち着いてサポートできたと思っています。

# 秒単位のウオーミングアップ

ウオーミングアップも練りに練りました。あの子に欠かせないのは、ただ技を成功させるだけでなく、人を魅了させるような、流れる動きをする体に仕上げることです。

ウオーミングアップの基本メニューは一応ありますが、その日の朝の結弦の様子や気分によって微調整します。試合のときは、宿舎からシャトルバスで一緒に会場に向かいますが、その時の結弦の雰囲気や動向でメニューを変えることもあります。

たとえば、あの子が調子のいいときは、バスのなかで音楽を聴きながら体でリズムをとって車窓を眺めています。でも、ときどきジッと下を向いていることがあるんです。「なにかひっかかるものがあるな」と僕は察します。

そのように結弦の表情、会話、しぐさ、呼吸などから、その日の体調や感覚の情報を仕入れて、ウオーミングアップを微妙に変更していました。

わかりやすくいうと、勝負にこだわるあまりナーバスになっているときは、体の硬直を防ぐため、ジョギングの時間を長めにします。気合いが入りすぎて肩に力が入っていると感じたときは、心を落ち着かせるためにストレッチの時間を十分とったりするのです。

その日の体調や感情に合わせ、メニューを調整して、どんな状態だったとしても、試合までに完璧な姿に仕上げるのです。

結弦の場合、秒単位の調整が必要と考えていました。だから、僕は結弦のウオーミングアップ中は、いつもストップウォッチとにらめっこです。細かいジャンプをする時間を多めにとるときは、その代わりジョギングの時間を30秒短くします。ちょっと疲労が蓄積しているなと思ったら、いつもより休憩時間を30秒長くします。それをストップウォッチで計るのです。

でも、結弦は試合前のルーティンを大事にしています。毎回、試合に向けて、朝から試合会場に入るまで、決まった手順を踏んでいくことをとても大切にしているのです。ルーティンをこなすことで、普段の自分と違うところを見つけやすくなるからです。

ウオーミングアップのメニューも一度決めたら、その順番や時間も予定どおりに進めていかないと気が済まないのです。少しの変化でも極端に嫌がります。

結弦のすごいところは、ジョギングやストレッチの時間をちょっとでも変えると、すぐにわかってしまうところです。

たとえば、いつもよりジョギングを1分長く設定すると、20秒ほど過ぎた頃に、

「先生、いつもより長くない？」

と、結弦は言ってくるんです。遠くにいる結弦には表示が見えないことをいいことに、ストップウォッチをわざと掲げて、「そんなことはねえよ、いつも通りだよ、ほら」と。

「なんかおかしいんだよな」と、納得いかない顔で、結弦はジョギングを続けていました。

ある意味、選手とトレーナーの騙《だま》し合いです。僕が、ウオーミングアップを分単位、ときには秒単位で修正していることは、結弦もうすうすわかっていたようです。そこは信用して、騙されたふりをしていたのかもしれません。

一度、結弦に話したことがあるんです。

「お前のトレーナーをやっていたら秒単位だ」

と。あの子は笑っていましたけどね。

結弦の言動につねに神経をとがらせ、アンテナを張り巡らして気遣っていると、かなり疲れます。だけどそれが楽しく、トレーナーとしての仕事にこの上ないほどのやり甲斐を感じていました。

## 体幹のぶれを見極める

ウオーミングアップでは、ケガや疲れによってぶれてしまった体幹を修正するのも重要なことです。体調や気候、バスでの長時間の移動、プレッシャーによる気合いの入れすぎでも、すぐに体幹にぶれが生じます。ときには、朝にはまっすぐだった体幹が、昼過ぎにはぶれてしまうこともあるのです。

そんなぶれは、放っておくと少しずつ広がっていきます。肩や股関節の緊張が大きくなり、体の中心軸もズレ、体のキレがなくなります。そのままの状態でジャンプやスピンをしても、まったく美しく仕上がらないのです。さらにはケガにつながることもあるのです。試合前の緊張状態になると、どんな一流アスリートでも体幹がぶれます。しかもそのぶれは、自分で調整することが難しいのです。

ウオーミングアップでぶれを修正して、試合に送り出すのも僕の役割です。

体幹がぶれているかどうかは、走り方を見れば一目瞭然です。また、立っているときの姿勢で、骨盤とかかとを結ぶ線が一直線になっているかどうかでも判断できます。さらには、青竹につま先をのせて、かかとを上げ下げさせるだけでもわかります。

結弦の体にぶれがあるときは、バウンディングという、大きな動作でスキップするように一定の距離をジャンプしていく運動をやらせます。ジャンプするときに、つま先だけで跳ぶのではなく、足の裏全体を使うことが重要です。これを繰り返すと、しだいに体幹が整っていくのです。

体幹のぶれが修正されると、体のキレが戻ります。結弦のジャンプが他の選手と違う点は、回転の速さです。跳び上がってから、グルグルとものすごいスピードで一気に回転していくのが特徴です。そこには、体のキレが大きく関わっています。

そうはいっても、僕が見ていたウオーミングアップで、体幹のぶれを確実に調整できたことは、数えるほどしかありません。

その数少ない完璧なウォーミングアップができたのが、当時の世界最高得点を出した2015年のNHK杯とグランプリファイナルです。

両大会とも、結弦のウオーミングアップの状態を見て、ブライアンコーチに「グッド！」とサインを出しました。彼はニコッと笑っていました。それだけでわかり合えるんです。

実践メソッド
11

## 観客を気持ちをつかむ
## 〝目力アップ〟セルフ・エクササイズ

フィギュアで完璧な演技をするには、ジャンプやスピンの正確さだけでなく、豊かな表現力が欠かせません。とくに、強い目力は観客の心をつかみます。

そこで、目力を強くするエクササイズを加えました。目は、ピントを合わせるために毛様体筋という筋肉を使って、レンズの働きをする水晶体の厚さを調節します。その毛様体筋をよく動かすことで、まなざしの強さが増すのです。

結弦に施したのは、目の前にひもで錘《おもり》をぶら下げて、それをじっと見つめさせた直後に、少し遠くに視点を移させるというエクササイズでした。それを何度も繰り返すのです。近いものと遠いものに交互に視点を合わせることで、毛様体筋がすばやく動きます。それだけで、目もとの力が増してくるのです。

大事なプレゼンや会議の前など目力を強くしたい大事なときには、その前に、ぜひ、遠くのものと近くのものを交互に見てください。

実践メソッド
12

ウオーキングの質を変える
# かかと足踏みエクササイズ

僕が指導しているバランストレーニングに「かかと足踏み」があります。かかとだけで足踏みすると、足底部に力が入ります。足の裏に注意を払うと足首が固定され、大地をしっかり捉える感覚も出てきます。

下半身がフラフラした状態で、バランスをとろうとすると、上半身だけに頼ってしまって無駄な動作が多くなるのです。

じつは、この「かかと足踏み」には、下半身が安定する以外にも、ひ

**1** 背筋を伸ばし、まっすぐに前を向いて立つ。

**2** つま先を上げて、かかとだけで 30 ～ 50 回足踏みをする。

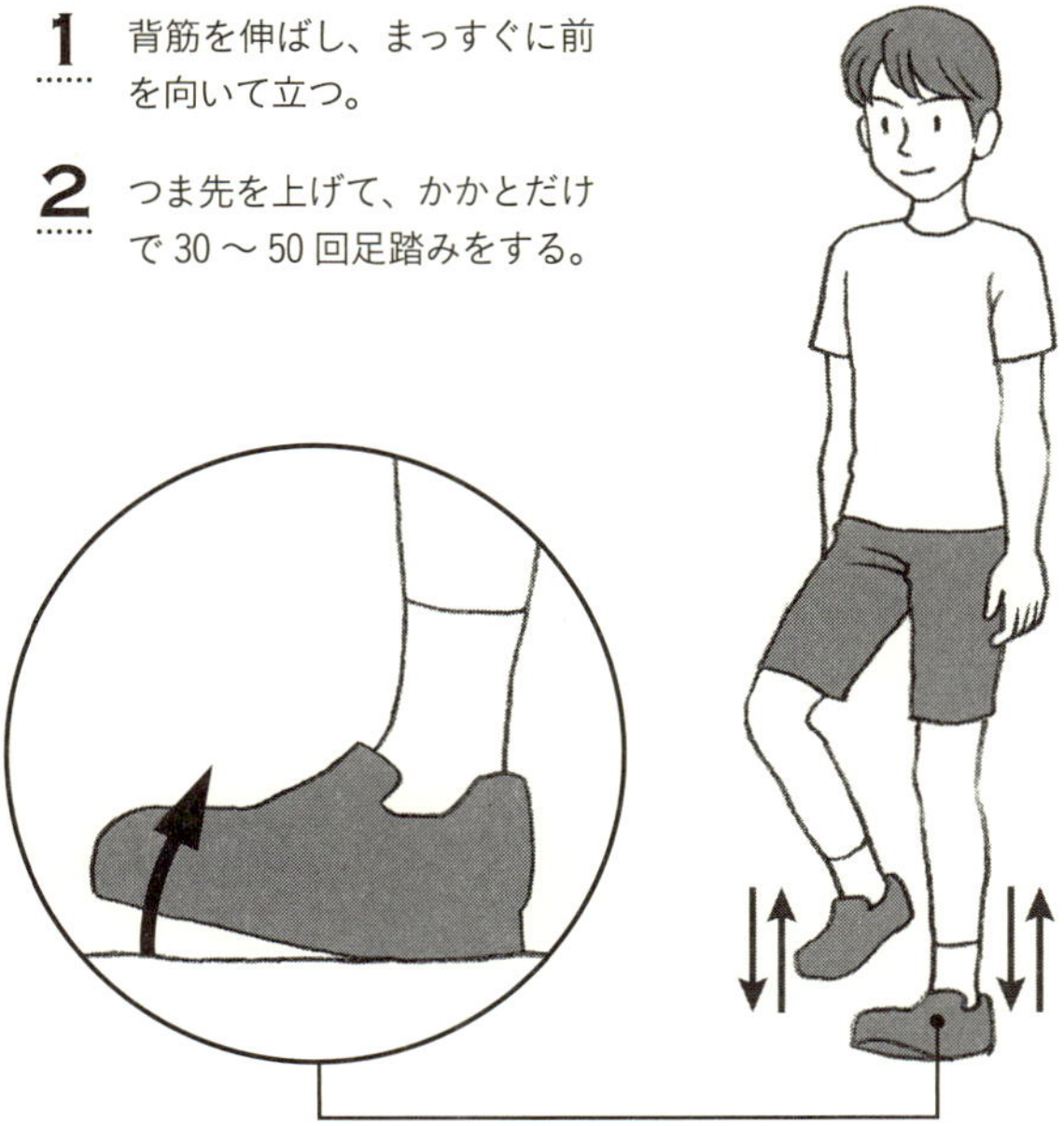

ざ裏のハムストリングスを少し緊張させることで、ひざが通常よりも前に出やすくなります。

ウオーキングの前にやると、いつもよりもひざが前に出て、太ももやつま先が上がります。大きな歩幅になることで、より効果の高いウオーキングになるでしょう。

# アイシングのリカバリー法

トレーナーとしての僕の大事な仕事のひとつに、試合を終えた選手への「アイシング」があります。

最近ではフィギュアスケートの会場にも製氷機が設置されていますが、僕の場合は整氷車でリンクの表面を薄く削ったときにできる、氷の削りカスを使います。数ミリに削られた氷はちょうどシャーベット状になっていて、足をまんべんなく包んでくれるのです。

この処置をするかどうかで、ケガや疲労の回復の早さも変わってきます。ちょうど野球でも、投げ終わったピッチャーが、ひじを冷やしていますよね。あれと同じことです。

冷やす時間は人それぞれですが、10〜15分程度がよいでしょう。それ以上だと、逆に健康な組織を傷めてしまう可能性があるのです。

実践メソッド
13

## 疲労を蓄積させない新習慣
# 休憩時間のプチ・アイシング

アイシングは試合の直後、酷使した筋肉を冷やすことで一度、血流を滞らせることが目的です。アイシングを外したときに、酸素や栄養を豊富に含んだ血液が流れ込み、蓄積した疲労物質や老廃物を排出。回復も早くなるのです。

アスリートに限らず、パソコンでの作業が増えたことで、指先や手首が痛む方、腱鞘炎《けんしょうえん》に悩む方も少なくありません。腱鞘炎は血行が悪いことも要因のひとつだと思います。仕事の合い間に手を流水で2〜3分冷やし、血流を悪くさせることで、その後、新鮮な血液が送り込まれます。

ただし、繰り返しの使用による骨の痛みの場合

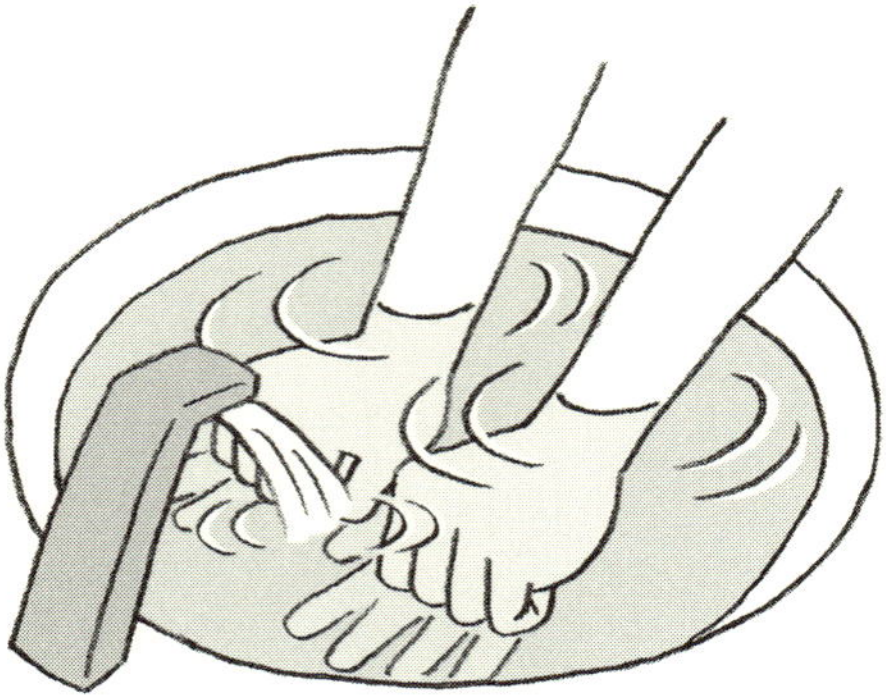

手を使う作業をした後に、1〜2分ほど流水に手をさらす。
グーパーを繰り返すと、ポンプ作用が働いて効果的。

は、東洋医学的な考えでは氷等で冷やしてはいけません。骨は「冷」を好み、「冷」によって傷つけられます。ですのでシンスプリント（脛骨過労性骨膜炎などとも呼ばれる。脚をよく使うアスリートに見られる、ひざから足首の内側にかけて痛みが発生する症状）のような場合は、流水等で10分程度冷やし、タオルで水分をよく拭き取り、ペーパータオル等を巻き常温よりも少し温めることをお勧めします。料理のときに使うキッチンペーパーでも構いません。

## トレーナーとして世界の舞台を経験する

ソチ五輪の翌シーズンとなる２０１４－15シーズン。結弦の調子はなかなか上がってきませんでした。初戦のフィンランディア杯は腰痛のため欠場していました。僕には、カナダにいる結弦の状態をわかる術《すべ》はありません。結弦のケガは報道で知るくらいでした。

ところが、２０１４年11月に上海で行われるグランプリシリーズ中国杯の１週間前、僕のスマホが「ボコン」とメッセージの受信を知らせました。

《先生、上海大会に来てくれませんか？》
と来たわけです。
《カナダの先生が行くって、言ってなかったか？》
と返信すると、また、少し時間をおいて、
《先生、上海に来て、施術してくれませんか……？》
その前のシーズンで「日本の試合ではお世話になるけど、海外の大会ではカナダにいるトレーナーについてきてもらっていい？」と本人が言っていましたからね。後ろめたい気持ちがあったのでしょう。最初に《先生、どうしよう》という一言のメールを僕に送信する前も、おそらくプーさんの耳をいじりながら、かなりの時間迷っていたと思いますよ。
僕は《わかった、行くよ》とだけ返信して、1週間先の予定をすべてキャンセルして上海に向かいました。
僕は久しぶりに結弦の脚に触れ、その進化ぶりを確認するとともに、自分のなかで、結弦の施術をできたことに、いくらか安心する気持ちがありました。
2014年12月に行われたグランプリシリーズNHK杯。結弦は絶不調のまま試合に臨みました。ショートプログラムでは78・01という、近年にない低い点数で、最終的にも

4位に終わってしまいました。シリーズの上位者のみが進出できる、スペインで行われるグランプリファイナルには進めましたが、調子はいっこうに上向いてきません。

NHK杯が終わった直後、結弦が、大阪で僕が滞在していたホテルの部屋にやってきて、「先生、ファイナルも一緒に来てくれませんか?」と言うんです。

「うーん? ヨーロッパは、あっち(カナダ)の先生についていってもらうと言ってたじゃん」と。僕も意地悪ですよね。

「でも、先生……」と、目で訴えてきます。

「仕方ねえな、スペインのサグラダ・ファミリアでも観に行くか」

こうして僕は、結弦の専属トレーナーとして呼び戻されました。

それ以降、国内外の大会で、結弦のサポートをすることになったのです。まあ、結弦にとって僕は、小さいときから知っているし、なんでも「先生、先生」と使い勝手がいいだけなんだろうと思います。でも、僕にとっては人生において、とても大きなできごとになりました。

# 平昌オリンピックシーズン、始まる

オリンピックシーズンでもある2017–18シーズン。初戦のオータムクラシックでは、結弦はショートで112・72点を記録。自身のショートでの世界最高記録を更新しました。多くのメディアが五輪2連覇を期待する中、平昌五輪に向けて、好スタートをきったと思われましたが……。

オータムクラシックの直後、結弦に会うと、グランプリシリーズロシア杯出場に向けてトレーニングを積んでいた結弦の身体は、とてもいいとはいえない状態でした。

その不調は、五輪連覇というプレッシャーを物語っていました。夏場に追い込んで、追い込んで、ずいぶん肉体を酷使したんだのです。勝たなければいけないという思いが脚にかなりの負担をかけていたのでしょう。4回転ジャンプを複数入れるプログラム構成で、足首に相当無理をしてきたのでしょうね。

世界記録を出した、15–16シーズンのNHK杯やグランプリファイナルのレベルを維持すれば、平昌五輪で勝つことは、そんなに難しいことではないと僕は考えていました。実際に「そこまで無理をしなくてもいい」とコーチからも言われていたようです。

でも、結弦は自分をとことん追い込むのです。「やらないのは僕ではない」と、レベルを上げるために練習を続けるんです。「やめろ！」と言っても滑り続けるんです。

五輪連覇が重圧になっているとは、結弦の口から一度も聞いたことがありません。そぶりさえ見せません。でも、脚を触ればわかります。どれだけきつい練習を積んできたか。

その一方で、気負いすぎる結弦に少し不安を覚えていました。

僕の予感は残念なことに、2017年11月、大阪で行われたグランプリシリーズNHK杯の公式練習で的中してしまいました。4回転ルッツで転倒。右足首の靭帯《じんたい》を損傷してしまったのです。

そのときの結弦のジャンプを見てもらえばわかりますが、斜めに跳びながら回転しています。ジャンプに入る前の足首の角度が、最悪の状態です。いつものまっすぐ上に跳んでクルッと回る結弦のジャンプとは、まったく別物でした。

「おかしいな」と思って見ていたら、4回転ジャンプ3種目のルッツでバランスを崩して、転んでしまいました。

ケガをしたあとは、ふたりで冗談を言い合って笑っていました。和《なご》やかにしてないと、結弦がかわいそうなのでね。かなり重傷であることは、転倒したときにわかりました。いつもの捻挫は「グキッ」なんです。これは、僕の施術でなんとかすることができます。でも、あのときは「グキッグキッ」と2回捻《ひね》っているんです。

結局、結弦はNHK杯を欠場しました。負傷した足首の処置は、カナダから来ていたトレーナーと医師に任せ、僕は仙台に戻りました。

痛めた右足首の回復には時間がかかりました。全日本選手権、四大陸選手権も出場を見送り、トロントでケガの治療をして、そして平昌五輪に備えるしかありません。

僕は落ち着きません。結弦のケガの状態は相変わらずニュースで知るだけです。

平昌五輪の1カ月半ぐらい前でしょうか。結弦のお父さんが日本代表団のジャージやブレザーの寸法を書き込む用紙を持って、うちの接骨院にやってきました。4年前のソチ五輪と同じです。

「どうなの？　結弦は」と僕は問いかけましたが、結弦のお父さんは、いつも通りに笑顔でうなずくだけでした。

しかし、平昌五輪に出ることは確かです。僕がやれることは、どんな状態でも、結弦を最高の状態にしてリンクに送り出すこと。覚悟はできていました。

## 一つ一つ丁寧にやれ

平昌五輪のフリーは、いつもの大会よりも競技開始時間が早かったこともあり、練習スタートも朝8時25分から。僕も、ソチ五輪のように気負うことなく、落ち着いた気持ちで臨めました。

そこには結弦の精神状態がベストだったことが影響しています。

当日の朝のテーピングは、1回のトライで決まりました。

結弦はなにも言葉を発しません。当然ですが、あいつの脚の状態はとてもいいとは言えません。でも、結弦の足の爪の先まで、自分の思い通りの感覚が行き届くようにするのが僕の役割です。それがうまくいったことを確信しました。

ウオーミングアップも、どこにも問題が見当たりませんでした。

結弦の美しい演技を支えているのは、鍛えられた体幹と感覚です。華麗なジャンプやスピンを生み出しているのはぶれない体幹と、わずかなぶれをも感じとる能力です。流れるような動きは、これらのことが重要なのです。

だから結弦は体幹を鍛え、そして、つねにぶれていないか気にかけています。

そこで平昌五輪の1年くらい前から、ウオーミングアップのメニューに、体幹を意識できるトレーニングを導入しました。

結弦が、車輪がついたバケツに座って動き回っている様子が動画サイトにアップされていますが、それもそのひとつです。それを見て「何遊んでいるんだ」と思った人もいるかもしれませんね。

あれは、バケツ型のイスに、車いすバスケットボールで使う車輪をつけた特注品です。お腹をぐるりと取り囲む腹横筋、背骨を支える脊柱起立筋など体幹を意識しなければ、自由自在には動き回れないトレーニング器機です。

体幹を整えるために効果的なのがバランスボールであることはよく知られています。しかし、フィギュアスケートの美しく流れるような動きを支える体幹には少し物足りません。

4回転ジャンプは真上に跳んでいるわけではありません。回転しながら3〜4メートルも移動していくのです。

そこで前後左右に移動しながら体幹を整えられないかとバケツ型のイスを開発したのです。

いつもは、僕が「次、バケツな」と言うと、結弦は、そのイスに乗って、後ろ向きや八の字を描くように動き回ります。たしか、ショートプログラムのときは、「先生、うまくなったでしょう」とか、おどけていました。

ところが、フリーのときは、僕の指示がなくても、自分からイスに乗って、もくもくと八の字の動きを繰り返していました。

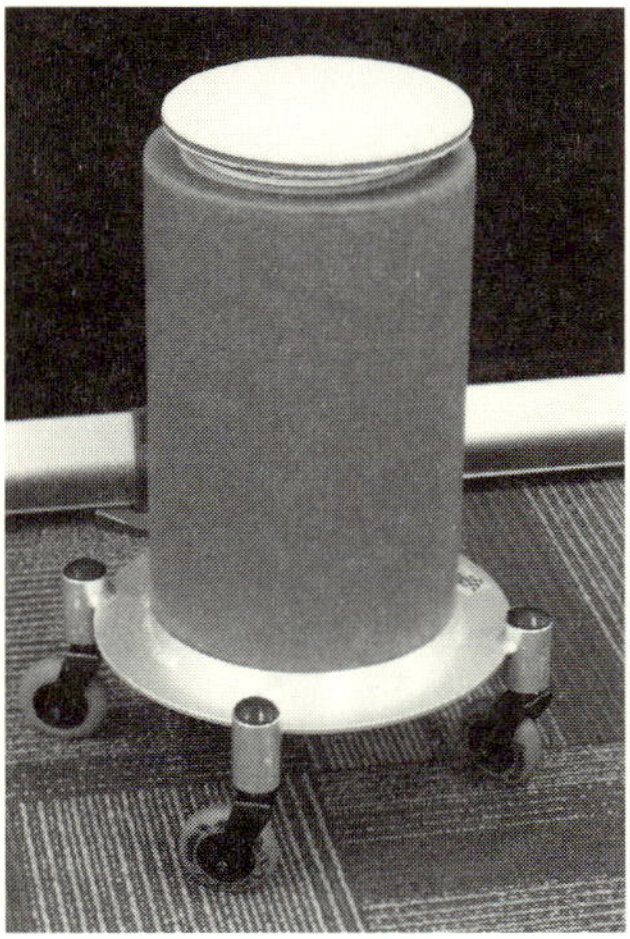

美しい4回転ジャンプの秘密兵器「バケツイス」。車いすバスケット用の車輪を使っている

しかも、イスに乗ったトレーニングの時間が、僕のイメージしたものとほぼ一緒。つまり、結弦は、フリーのときのウオーミングアップでは、今の自分になにが必要で、なにをすべきか、しっかりわかっていたのです。

結弦もよくこう言っています。

「集中できているときは、何をすべきか、はっきりわかります」

ウォーミングアップの最後はいつもアップシューズのまま、まっすぐ上にジャンプして回転をしてみます。それで体の軸のズレが生じているかどうかがわかるのです。

そのときに、あらためて「こいつはすげえな」と鳥肌がたちました。

この緊張感の中、相当なプレッシャーに何度も押しつぶされそうになったことでしょう。しかも、自分自身で追い込んで、研究し尽くして、過ごしてきたのです。そして、自分を高めて、技術を磨いて、体を酷使して……。4年間をこの瞬間のために、もってきていた。

完璧な状態でした。僕ができることは、フリーの演技のため、リンクの中央に向かう結弦に、

「大丈夫だから、一つ一つ丁寧にやれ」

と声をかけるだけでした。本人に聞こえていたかどうかわかりませんけどね。

実践メソッド
14

## 筋トレだけでは作れない
# 疲れをやわらげる体の使い方

パフォーマンスを上げようと筋トレをしても、なかなか成績が上がらない。これはどの競技においても共通することです。

「体幹トレーニング教室」でもっとも大事にしてきたのは、いかにして少ない力で大きな力を生み出すかということです。その考えの根底にあるのは「てこの捌《さば》き」「車の捌き」「弾みの捌き」です。

「てこの捌き」は、わかりやすく言うと、体の位置をどこに置くかで、無駄な力を使わずにすむてこの原理を利用することです。「車の捌き」は運動軸を意識して、それを中心にして体を動かすこと。効率よく動くことが可能です。さらに「弾みの捌き」は、筋肉が反射的に収縮する〝腱《けん》反射〟を利用することです。

スポーツの世界では、体をうまく使うと言いますが、僕は「てこの捌き」「車の捌き」「弾みの捌き」を意識することで、その場面、場面において、いかにして自分の体を動かすかということ、つまりコーディネーション力が上がると考えています。また、これらの

「捌き」を意識することで、全身が連動。しなやかに動き出すだけでなく、無駄のない動きができて、疲れにくい体を作ると考えています。

# 第4章

# 心を整え、緊張と向き合う

# 痛みはエネルギー源

みなさんは、五輪2連覇を成し遂げた結弦の精神力の強さを賞賛します。

でも、僕にはそれがよくわかりません。あの子と接するのは、小さい時からケガをしたとき。そして、陰で血の滲むような練習を積んでいたことを僕は知っているからかもしれません。

結弦は、精神力が強いというよりも、痛みに強いんです。

そして、痛みに対する向き合い方が、他の選手と違うんです。

結弦の痛みのほとんどは、練習や試合でのケガによるものです。ケガをすると誰だって落ち込みます。そのケガが大きければ、絶望的な気分になってしまいますよね。

結弦はケガをしたという現実を受けとめたら、すぐに前を向くことができるのです。痛みを抱えながらも、あきらめずに前に進もうとするのです。

たしかに重いスケート靴を履いて、ジャンプを跳ぶフィギュアには、ケガがつきものです。捻挫は日常茶飯事と言ってもいいでしょう。いちいちケガなんかでクヨクヨしていられない、というのがあるかもしれません。

でも、結弦は、それに加えて、ケガしたことを後悔したり、悩んだりしません。人のせいにすることも言い訳をすることもありません。そこで、今の自分にできることは何かを考えることに専念できるのです。深刻に考えすぎず、「しょうがないな」と切り替えることができるんですよね。

痛みさえ「自分が成長するために必要なこと」と、自分が進化するためのエネルギー源として考えているんです。

結弦の特質には、ケガの回復が早いことも挙げられます。

あいつのケガの回復が早いのは、結弦が自律神経をうまくコントロールしていることが関係していると僕は思っています。

自律神経とは、血流や呼吸、内臓の働き、体温調整などをコントロールする神経です。交感神経と副交感神経という2種類の神経から構成されていて、交感神経は車で言えばアクセル。闘争神経とも言われて、交感神経の働きが上がると、心身はアクティブな状態になり、血管が収縮し、血圧も上昇します。

もう一方の副交感神経は、車にたとえればブレーキです。副交感神経が優位になれば、体はリラックスした状態になります。血管は拡張して、血圧も低下。穏やかな気分になるのです。

この交感神経と副交感神経は、シーソーのようなものです。交感神経の働きが高いときは、副交感神経の働きが下がります。逆に、交感神経が下がっているときは、副交感神経の働きが高くなります。交感神経も副交感神経もどちらもバランスよく保つことで、高度なパフォーマンスが可能になるのです。

このバランスが崩れると、筋肉の異常、血行不良、免疫力低下などさまざまな不調を招くのです。

ケガの回復を早めるためには、血流が良くなければいけません。

血液は酸素と栄養を全身の組織や細胞に運びます。血流が促進されると、体の隅々まで血液が行き届くのです。当然、ケガをしたところにも新鮮な血液が流れ込みます。老廃物も排出されやすくなり、代謝が上がります。そして血流を良くするためには、自律神経のバランスが重要なカギなのです。

結弦の行動には、そのバランスを整えるヒントが多いのです。

たとえば、ストレスとの付き合い方です。ケガや痛みは結弦にとっては大きなストレスになります。さらに、本人はミスのない演技をして世界記録を更新することにこだわっています。完璧な勝利を求めるファンの方々の期待に応えたいと、つねに考えています。そんな真面目な性格は、ストレスを抱えやすいはずですよね。

でも普段の結弦は、そんなストレスさえも、どこか楽しんでいるようです。とにかくストレスから逃げません。プレッシャーからも目を背けないのです。

実は、ストレスがあると、自律神経のバランスがたちまち乱れてしまい、血流も悪くなってしまいます。でも、ストレスと向き合いながらも、上手に付き合うことで、自律神経のバランスが乱れないようにすることができるのです。

実践メソッド
15・16

こりやハリをおだやかに解消する

## 肩と腰の手当てストレッチ

ゆっくりと筋肉を伸ばすストレッチは、柔軟性を高めるだけでなく、血流を促して疲れを回復させる効果があります。

来院する選手にストレッチ指導をする際に気をつけていることは、伸ばしたい筋肉を自分の手で触れさせることです。

筋肉を軽く押すような感じで手を置くことで筋肉は緩みます。筋肉は、筋繊維がいくつも束になった結合組織です。それぞれがくっついている状態を、手を当てることで、筋肉が温まり、筋組織がバラバラにほぐれ、効果的に伸びていくの

### 《肩こりストレッチ》

**1** あごを引き、背筋を伸ばした状態で、肩のコリを感じるところに手を置く。軽く握る程度に筋肉に圧をかけるのがポイント。

**2** 息を吐きながら、手を置いた反対側に首をゆっくり傾ける。このとき、筋肉が伸びていることを意識する。

**3** 3～5秒かけてじっくり肩の筋肉を伸ばしたら、ゆっくり**1**の姿勢に戻す。これを5回繰り返す。

です。

　手を当てないでストレッチをすると、筋肉だけでなく、筋肉を支える腱も同時に伸びてしまい、逆に筋力が低下してケガを招くこともあるのです。

　また手を当てることで、どこの筋肉を伸ばしているのか意識することができます。心理的にも、筋肉が広がり伸びていることを実感することでより効果が上がるのです。精神のリラックスにもつながります。

「手当て」という言葉がありますが、自らの手で心と体を癒やしてください。パートナーがいる場合、互いに行うと効果的です。

### 《腰痛ストレッチ》

**1** 両脚をそろえて、背筋を伸ばして立つ。

**2** 背骨に沿ってついている脊柱起立筋を意識して両手を当て、ゆっくり息を吐きながら、上体を前に倒す。そのまま5秒ほどキープし、筋肉が伸びていることを確認する。

**3** 息をゆっくり吸いながら、**1**の姿勢に戻る。これを5回繰り返す。

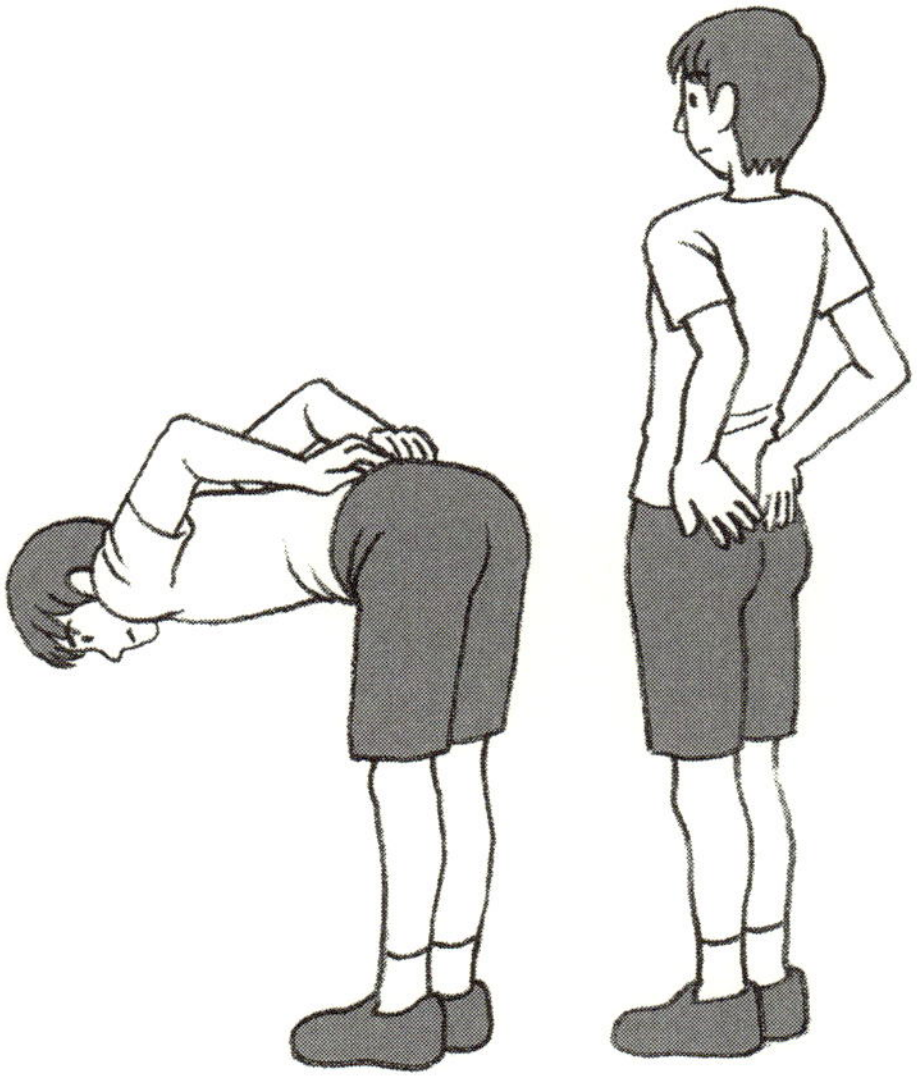

# 夢を口にすることで心が整う

「僕はレジェンドになりたい」

ジュニアで世界を制したときに、結弦はこう言ったことがあります。こんな発言をすると〝ビッグマウス〟と言われてしまいますよね。しかし、こんな大きな夢を口にすることも、自律神経のバランスを整える効果があるのです。

結弦は、とにかく夢を語ります。小学4年生のときに「僕がオリンピックに行ったら、トレーナーとしてついてきてください」と僕に話していました。東日本大震災のあとにも「五輪で金メダルをとります」と報道陣に宣言しました。

たぶん、結弦としては人に話すことで自分を追い込んでいるのでしょう。また、口にすることで、忘れないように、自分の心にとどめておこうとしているのかもしれませんね。

あるとき、結弦は、こんなことも言っていました。

「何も言わなかったら何もやらないよね。言うことによって、自分がやらなければいけない、という責任を作っちゃえばいいんだよね」

目標や夢を言葉にすることで、普段からそれを意識して生きていくことになります。なりたい自分を夢見ることでポジティブになり、自律神経が乱れにくくなるのです。

その上で、結弦は小さいときから、スケートの技術や練習で気づいたことをノートに書き残しています。その〝極秘ノート〟には練習の課題だけではなく、目標や夢なども記しているようです。

進むべき道や目的をノートに書くことで、自分を客観的に見ることができます。外から自分を見ることは、心の迷いを解消します。また、文字にすることで、目標や夢を達成させるためには、何をすべきか見えてくるものです。

あとは努力するだけです。日々、積み重ねていくだけ。夢や目標を定めるとやることが明確になります。やることがはっきりわかると、心が迷うことも少なくなります。「もっと強くなる」と結弦はよく口にします。そのために、なにをすればいいのか考え、日々実践しているんです。

結弦を天才だという人がいます。しかし、本当は、努力ができる天才。さらに言えば、努力を続けることができる天才なのです。

もし、悩みや不安なことがあれば、目指していることや目的、将来の夢を、ぜひ言葉にしてみたり、ノートに書き出したりしてみてください。思いの外、それだけで心が落ち着くことがあるのです。

## 笑顔が心を落ち着かせる

結弦は人懐《ひとなつ》っこくて、まわりの人たちを惹きつける不思議な力があります。それは、あの子が誰に対しても自分の感情を表すからでしょう。とくに、人懐っこい笑顔でお願い事をされると「しょうがねえな、やってやるよ」と思ってしまいます。

笑顔を作るだけでも副交感神経が優位になり、気持ちが上向きます。

普段の結弦はよく笑います。調子がいいときは、ウオーミングアップ中でも、笑みを見せることが多いのです。

試合前になると、誰でも緊張するもの。しかも、あれだけの人の前で演技するわけですから、ピリピリしないほうがおかしいですよね。そんな状態で結弦は自然に笑顔を作って心を整えていたのかもしれません。

ちなみに「チーム結弦」が一丸となって、結弦の夢を叶えるためにサポートしたのも、結弦の笑顔が深く関係していると思います。「チーム結弦」とは、結弦を支えるコーチ、振付師、スケート連盟の方々、食事をサポートするスタッフさんたちが組んでいるチームのことで、一応、僕もそのひとりです。

僕は「チーム結弦」で仕事をしていても心地がいいというか、とても雰囲気がいいのです。それぞれのメンバーが「自分が、自分が」ということがありません。もちろん大事なのは結弦のことだけです。でも、別のスタッフのことまで、みんなが気を遣っているんです。平昌五輪でも、僕に元気がなかったときには、みんなが「先生、ちゃんと栄養摂っている？」とか「熱でもあるんじゃない？」と声をかけてくれました。

「チーム結弦」がうまくまとまった背景には、結弦の笑顔があると考えています。

笑顔は、自分の自律神経を整えるだけでなく、まわりの人たちの緊張をやわらげたり、気持ちを穏やかにさせたりする効果があるのです。

さらに言えば、演技前の結弦は、緊張して険《けわ》しい顔をしていますが、演技が終わると、ホッとした表情で、頰《ほお》がほころんでいますよね。顔つきがまったく変わってしまいます。

おそらく演技が終わり、ファンの方々に「ありがとうございます」と頭を下げたとき、ちょうどプーさんのシャワーを浴びながら、結弦の自律神経は、優位だった闘争モードの交感神経が一気に下がって、リラックスモードの副交感神経がしっかり働き出すんでしょう。結弦の笑顔は、そんなオンとオフの切り替えのスイッチになっているのかもしれませんね。

## 感謝の気持ちが心を穏やかにする

「試合前に僕は必ず、ホテルの部屋をきれいにすることを心がけています」

結弦が会見でこう語ったことがあります。

たしかに、海外遠征で結弦が宿泊しているホテルの部屋にいくと、いつもきれいに保っていることに感心します。荷物もつねに整理整頓されています。試合に向かうときもベッドを整えてから部屋をあとにします。

身の回りを整理整頓するだけでも、自律神経のバランスが整うと言われています。部屋や物を整理できる人は、心も整理上手なのでしょうね。

そのように結弦が自然にやっていることが、実は自分の心を整えている、ということが少なくないように感じます。

・自分のお気に入りの音楽を聴きながら試合に向かう。
・ウオーミングアップのメニューを変えずにルーティンを守る。
・会見など人前で話すときは、自分の言葉でゆっくり語る。

これら結弦の言動には、心を整えるヒントがあるのです。

多くの人たちに支えられてスケートをしている――。結弦はそれを自覚しているから、感謝の気持ちを忘れません。

あれだけの偉業を達成しても、まったく横柄な態度をとることがありません。僕に対しても、施術が終わったら「ありがとうございました」と礼を言います。両親やスタッフにも「ありがとう」という言葉を自然に口にします。

リンクにはもちろんのこと、ウオーミングアップ場を出るときも、その空間に対して頭を下げますからね。ファンの方々、スケート靴、自分の脚……。すべてに感謝する気持ちを持っています。そして「ありがとうございます」と口にします。

「ありがとう」という言葉を言うだけでも、脳内にドーパミンという神経物質が分泌されます。このドーパミンは「幸せホルモン」や「生きる意欲を作るホルモン」とも呼ばれています。ドーパミンがたくさん分泌されると、前向きな元気をくれるだけでなく、副交感神経の働きを高めるのです。

## スイッチが入る言葉を持つ

「大丈夫だから、一つ一つ丁寧にやれ！」

平昌五輪のフリーの演技に向かう結弦に、僕はそう声をかけました。

「自信を持っていけ、できるから！」

その前日のショートプログラムでは、こう発破をかけました。

実は「一つ一つ丁寧に！」と「自信を持って！」は、結弦の口癖です。

２０１５–16シーズンのグランプリシリーズＮＨＫ杯は、ジュニアから上がってきたばかりのボーヤン・ジン選手（中国）と初めて対戦した試合でした。結弦はとても緊張状態に入っていました。

肩に力が入ったまま、フリーの演技に臨むとき、

「大丈夫、一つ一つ丁寧にいくぞ！」

と、結弦はそうつぶやいてリンクに飛び出していきました。

それからも演技の前には「一つ一つ丁寧に」という言葉をよく口にしていました。

「自信を持って！」は、試合前だけでなく練習中にも、結弦がいつも自分に言い聞かせていた言葉です。

「一つ一つ丁寧に！」と「自信を持って！」は、結弦が自らを奮い立たせる言葉。口にすることで、気持ちが切り替わり、演技に集中できるお気に入りの言葉なんです。

僕は、平昌の本番直前、その言葉をかけることで、少しでも余裕を持って演技に臨めたらと期待しました。だから、平昌五輪のショートプログラムとフリーに向かっていく結弦にそう声をかけたのです。自分を勇気づける言葉を持っているのは結弦の強みですね。

# 一流選手のメンタル強化

僕がトレーナーとして仕事をする上で、もっとも影響を受けたのは、テニスの伊達公子《だてきみこ》さんを育てた小浦武志《こうらたけし》先生（元日本女子テニスナショナルチーム監督）です。

小浦先生とは1995年頃に初めて会ってから、今でも、折に触れご指導いただいています。最初に会ったとき、小浦先生は、

「これからのトレーナーは、マッサージやテーピングだけの時代ではない。僕はこれまで、誤った指導法でたくさんの選手たちをつぶしてきてしまったんだ」

と言われたんです。

小浦先生は、初めてお会いした当時でも有名な指導者です。そんな方が、苦い経験からコーチ術を一から勉強し直して、伊達公子さんのような一流選手を育てられたというのです。

それから僕は、小浦先生と先生が信頼を置いているトレーナーの方に学ぶため、2カ月

に一度、仙台から兵庫県まで通いました。

小浦先生の一貫した教えが、これからのスポーツ選手に重要なのは、メンタル・タフネス（心の強さ）です。

「心・技・体」はスポーツ選手に大事なこと。小浦先生も、もっとも大事なのは「技」だと言います。そして「心・体」は、「技」の両輪のようだと。

その上で「技」や「体」は、競技や種目によって異なってきます。しかし、「心」を鍛えることは、スポーツ選手には共通だというのです。

小浦先生は、これからのトレーナーは選手のメンタル・タフネスにも関わっていくことが重要だと、20年以上前に考えられていたのです。

そして、先生は、メンタル強化のポイントとして、

《リラックス・集中・感情コントロール・プラス思考・目標設定・イメージ・コミュニケーション》

を挙げられていました。そして一流プレイヤーとは、

①いつもリラックスしており

②いつでも集中ができ
③喜びの感情に満ちあふれ
④プラス思考で物事をとらえ
⑤目標に向かってひた走り
⑥最高のイメージが湧き
⑦人とコミュニケーションがとれる

人と、考えられていたのです。

すごいですよね。ここ数年間でメンタル・タフネスの重要性は一般的に知られるようになりましたが、そんなに早い頃から、すでにスポーツ選手のメンタル面を理論立てていたのです。しかも、その実践的なメンタルトレーニングのコツを、惜しみなく僕に教えてくださいました。

# 本番前の緊張をやわらげる

表現力が問われるフィギュアという競技をしていることが大きいかもしれませんが、結弦は喜怒哀楽の感情をうまく表情で表現します。そのため結弦はいつも表情が豊かです。表情筋をよく動かすとリラックス効果があります。あの子が、それを意識しているかどうかわかりませんが、顔の表情は多彩です。

もしも僕がケアをしているアスリートが何か気になるような表情をしたときには、眼球を強制的に動かします。

後頭部から両耳の上にかけて1本のひもを回しかけます。目の前25〜30センチほどで交差させ、その紐の先に3センチぐらいの錘《おもり》をぶら下げます。最初は、錘を見つめさせたまま、首だけ左右に振らせます。続いて、錘を左右に振り、それを目で追わせながら首も一緒に動かします。今度は、首はそのままで目だけで錘を追わせます。

こんなトレーニングを「6分間練習」前のウオーミングアップでやります。

まわりで見ている人は、かなり怪しいことをやっていると思うかもしれません。

でもこのトレーニングは、緊張している脳をほぐす効果があります。もし、誤った方法で緊張している状態の脳をリラックスさせすぎると、集中力が低下。パフォーマンスを十分に発揮できなくなってしまうのです。

眼球を動かすトレーニングは、緊張の糸を1本だけ残すようなものです。

結弦のトレーナーをしていると、この緊張状態というのはとてもやっかいなものだと感じます。僕は、緊張が適度な状態になるように苦慮しましたが、

「緊張でガチガチになった体と闘うことがけっこう好き」

と、結弦が話していたことがあります。なかなか難しいものですね。

実践メソッド
17

### 不安な感情の切り替え方③
## 不安が消える眼球トレーニング

過剰な緊張状態に陥った選手には錘をつけた紐を使って眼球を動かすトレーニングをして、ガチガチになった心と体を整えることがあります。

眼球を動かさないと、人は悩みがちになることがわかっています。「目が死んでいる」と言いますが、悩みや不安があるときは眼球が固定されたように動かなくなります。そんなときは、眼球を強制的に動かすトレーニングが効果的です。それだけでも悩みや不安が消え去ることもあるのです。

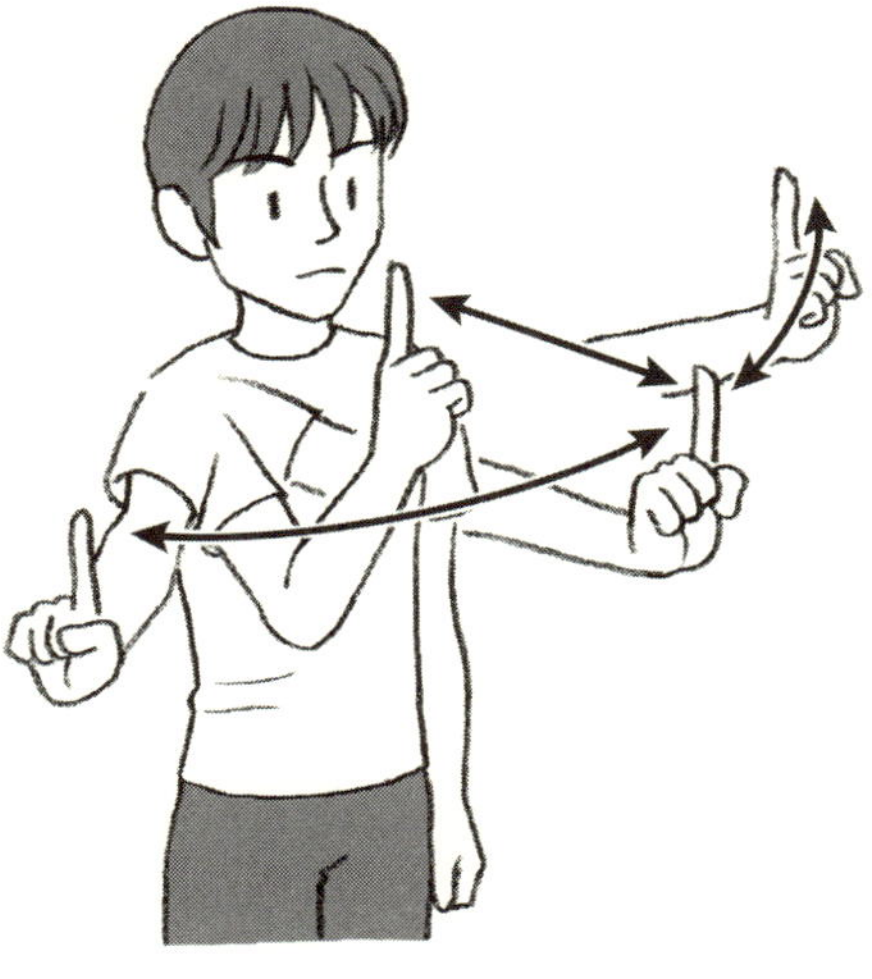

1 目の前で、人指し指を爪が見えるようにして立てる。

2 まず指は動かさずに、爪を見つめたまま首だけを左右に振る。3往復する。

3 次に指を左右に振りながら、首を動かさずに眼球だけで追う。3往復する。

実践メソッド
18

深い呼吸とリアルなシミュレーション

# 心が整うイメージトレーニング

試合前や練習中でも、結弦はよく目を瞑ってイメージトレーニングをします。理想とするジャンプを思い描いて、頭のなかでそのジャンプに近づけるように、シミュレーションをしているのです。

このイメージトレーニングは、具体的で細かいところまで思い描いていくものです。完璧な演技やミスのないジャンプを詳細に頭のなかに思い描くことで、それを実現している自分の姿も描き出せます。

そんなイメージトレーニングを繰り返すことで「理想とするもの」から「実現できるかも」、そして「実現できる」というように、自信につながっていくのかもしれません。

イメージトレーニングをしたあとの結弦はスッキリした表情をしています。

自分にとってベストな演技をイメージしているときは、深い呼吸をもたらします。また自分の鼓動も聞こえているくらい専念しているはずです。そんな心を穏やかにしている時間が、自律神経のバランスを整え、リラックスしながらも集中力を高めていくのでしょう。

実践メソッド 19

強くしなやかな体幹を作る

# 深い呼吸を意識する習慣

「体幹トレーニング教室」で、つねに伝えてきたことは深い呼吸をすることの重要性です。呼吸をすると、横隔膜や外肋間《がいろっかん》、内肋間筋《ないろっかんきん》、脊柱起立筋などの「呼吸筋」を使って、胸腔という胸の空間を伸縮します。胸腔が膨らんだり縮んだりすることで、なかにある肺が空気を出し入れするのです。

この呼吸筋も体幹です。深く呼吸をすると、呼吸筋がしっかり鍛えられます。また胸腔がしっかり膨らむことで、体幹を内側から安定させる役目もあるのです。

また、自律神経のバランスを整える効果があると言われています。深い呼吸をすると、横隔膜が上下に大きく動きます。この横隔膜には自律神経が集まっています。

緊張したときに深呼吸をしますが、この横隔膜を上下に動かすことで、リラックスモードの副交感神経の働きを優位にさせているのです。

肺は人の両肩の少し下まで広がっている大きな臓器です。胸の上に手を当てれば、しっかり呼吸ができているか確認することができます。深い呼吸を意識する習慣を身につけてください。

# 第5章

# 体の声を聴く

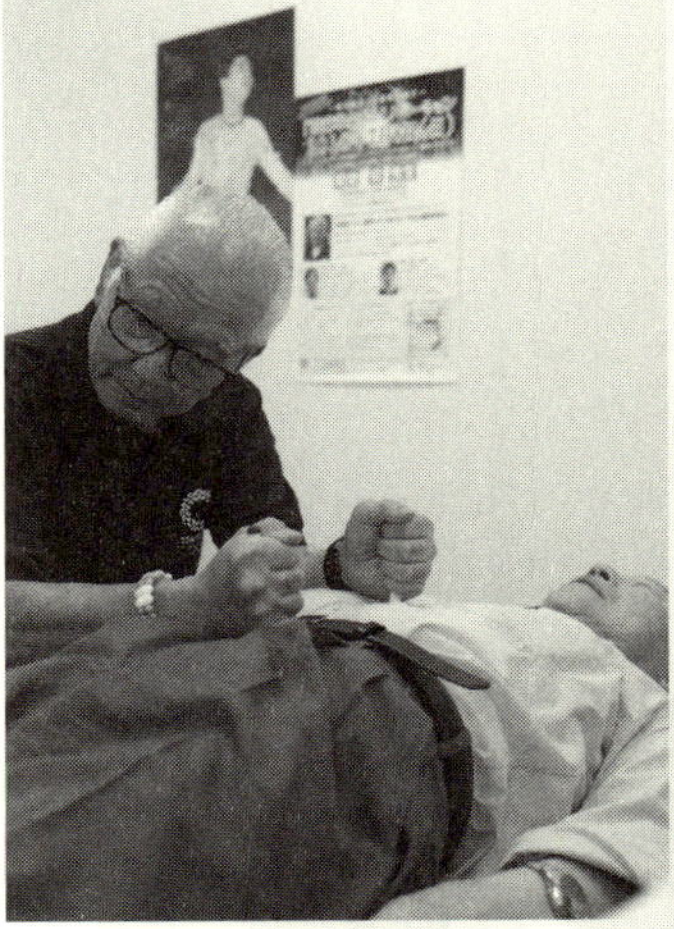

## 負けたらトレーナーの責任

結弦が国民栄誉賞を受賞しようが、ゴールドメダリストだろうが、僕にとって結弦は、結弦でしかありません。出会った8歳のときから変わりません。夢中になって頑張っているから、なんとかしたいと思うだけです。

頑張っている子をなんとかしたい――。一生懸命、練習してきた選手が、本番でしっかり実力を出せるようにお手伝いしたいだけです。

結弦が国民栄誉賞を受賞した2週間後、僕は、群馬県高崎市にある「高崎アリーナ」のサブアリーナにいました。「全日本一輪車競技大会」に出場する岩手県遠野町の「遠野一輪車クラブ」のウオーミングアップを見るためです。

一輪車競技は、中学生と高校生の女子10人でチームを組み、音楽に合わせて、スピンや息の合った演技を競います。5年前から「遠野一輪車クラブ」の専属トレーナーとして競技会があると駆けつけています。

オリンピックだろうが、全国大会だろうが、地方大会だろうが関係ありません。どんな試合でも、頑張って練習してきた子たちを応援したくなるものです。その子にとって最高の状態で試合に出られて、いつもの実力を出してほしいじゃないですか。本当に子どもたちは練習しているんですよ。それが試合で発揮できなかったら、かわいそうです。それだけですよ。

僕のトレーナーとしてのポリシーは「選手がいい成績を残せたら、それは選手の努力の結果」ということです。結弦が演技をする前にこう言うんです。

「勝ったら、お前の努力だ。負けたら俺の責任だ。思い切ってやってこい！」

結弦だけではありません。一輪車競技に出る彼女たちも一緒です。

「負けても、お前たちの責任じゃないんだよ。落車しても自分を責めるな。責められるのは俺。負けたら、俺の調整不足。思い切っていけ！」

彼女たちは、ホッとした顔で演舞場に向かっていきました。

## 選手が知らない間に整える

一輪車競技会の本番直前、チームの何人かに、体幹のぶれが見つかりました。正確に言うと、骨盤の位置がズレているのです。彼女たちは岩手から群馬まで新幹線でやってきたわけですよね。そんな移動でも、骨盤に歪みが出てしまうのです。

そこで、彼女たちには、かかとだけでやる（つま先は地面につけない）足踏みを、100回やってもらいました。

このかかと足踏みは、足底部を意識させるだけでなく、骨盤の真下にかかとがくるように調整する効果もあります。

骨盤にゆがみがあると、一輪車をつま先だけでこごうとします。かかとを使わずに、つま先だけで進もうとすると、いつもより力が入って、スピードも出てしまいます。

一輪車競技はチームで演舞します。骨盤のゆがみがある選手が1人でもいれば、調和がとれなくなってしまうのです。とくに手をつないで演技する場合、ゆがみがある選手がいると、手をつないだ瞬間、全部に伝わってしまい総崩れしてしまいます。骨盤は上半身と下半身をつなぐ「要《かなめ》」です。この骨盤を支える筋肉は体幹の基礎部分です。長時間座りっぱなしの生活や運動不足で骨盤まわりの筋肉が硬くなると、体幹全体の動きが悪くなります。その結果、手脚に大きな負担がかかるので、肩やひざの痛みや故障につながるのです。

骨盤のゆがみは姿勢でわかります。ゆがみのない状態とは、立っている姿勢のときに、頭頂部が天井から糸でつり上げられているようになっていて、横から見ると、耳、肩、ひざ、かかとが一直線上になっている状態です。背中が反ったり、猫背になっていない状態が、骨盤が立っているいい姿勢です。

そんな骨盤のゆがみをとるメニューを僕が指示すると、彼女たちは、ぽかーんとした表情をすることがあります。「なんのためにやるの？」と思いながらこなしているのかもしれません。

それでいいんですよ。選手が意識していない不調を、先に見つけて修正していくのが僕の役目。選手が気づかないようなサポートをして、調整していく――。それが僕のやり方なんですよね。

# トレーナーとしての原点

体幹などを鍛える「体幹トレーニング教室」を、僕が子どもたちに指導しはじめたのは、前述の伊達公子さんを育てた小浦先生の教えがきっかけです。

小浦先生がこう語っていたことが、印象に残っています。

「ケガをさせないことだよ。いちばん辛いのは、選手がつぶれてしまうことだ」

そこで、小浦先生が辿《たど》り着いたのは、技を身につける前に、体幹を鍛えることの重要性だったのです。そして、練習にバランスボールを導入するなど、今でこそ当たり前のように行われている体幹トレーニングを30年前から導入していたのです。

体幹を鍛えることの重要性を説く小浦先生のお話のなかで、もっとも私の心に響いたのが「力を地球からもらうイメージを持つ」ということです。徹底的に教えていただきました。

わかりやすく言うと、人の体には、地球の重力とその反発力がつねに働いています。もし体の軸がぶれていたら地球の反発力をうまく活かせないと。テニスの場合、反発力を利用しなかったら、手だけでラケットを振ってしまう。「そうするとどうなる？　ひじや肩を壊してしまうだろ」と説いていくんです。

人間の力は、地球の重力と反発力をうまく利用していく——。体幹を鍛えること、そして軸をぶれさせないことは、運動の基礎であることを教えてもらったのです。

僕が子どもたちに指導している「体幹トレーニング教室」は、小浦先生との出会いがあったから始めることができたのです。

子どもたちに教えているのは、体幹を鍛えることとバランスやコーディネーション能力の強化。筋肉の強さに頼るのではなく、いかに筋肉をそのシチュエーションに応じて、効率よく動かして、その子に適応したパフォーマンスを導き出せるようにするかなのです。

# 五感を使ったコミュニケーション

選手が心身ともにベストな状態で試合に臨めるようにサポートするのが、トレーナーの仕事です。しかし、どんな優秀なトレーナーでも、マイナスの状態の選手をプラスにすることはできないと考えています。

結弦の場合は、試合前には、自分の体調を高いレベルまでもってきています。プロですから、コンディションのピークを大会にもってくるように心身を整えてきます。僕ができるのは、その高いレベルを本番まで維持させること。現状のままか、もしくは下がったとしても最小限にとどめるだけ。それだけなのです。

しかも、体調の変化は微妙です。ゴルフで絶好調と感じた日があったとします。ところが翌日には同じようにスイングしているつもりでも、まったく調子が出ないことがあります。

これは前日とは体の具合がまったく違うからです。調子がいいと思っていたときと、同じようなクラブの振り方をするから、オーバースイングになったり、タイミングが崩れたりしてしまうのです。体調の変化は、本人には気づきにくいものです。

天気や気温、気圧などの天候、普段の練習時とは感覚が異なるフィールドや観客席の空気感、時差といった環境的なこと、プレッシャーやストレスなどの精神的なもの、筋肉の疲労度など。微妙なことで体調が乱れ、体幹のぶれが出てしまい、体の中心軸にもズレが出てきます。

僕は、選手の様子を観察したり、ささいな会話をしたりしながら、そのズレを見つけて修正していく。それだけのことなんですよね。トレーナーの役割とは、施術が上手いかどうかではなく、選手が出しているちょっとしたサインに気づけるかどうかなのかもしれません。

選手の調子は、目に見えるのは5パーセント程度。見えないものが95パーセントです。選手の調子が悪かったら、五感を使って原因を探り出して、微調整することが求められているのです。

多くの感覚を使って、その選手のことを知ろうとする。心のアンテナを目一杯広げて、選手の情報を集めていく。そのためにはトレーナーが向き合う選手が、魅力的でなければいけません。「なんとかしてあげたい」と思えるような選手でなければ、トレーナーがいくら一流でもうまくいかないものです。

結局は、人と人とのつながりです。普段の人と人の付き合い、家族や恋人、友人同士でも同じことが言えると思うんですよね。

パソコンやスマートフォンが登場して、ますます便利な世の中になっています。多くの人と手軽にコミュニケーションができる時代になりました。それとともに人間関係は希薄になっていると言われています。

五感を使ってコミュニケーションすることがますます重要になってくると思います。

## アスリートのサポートから見えてくる不調の正体

結弦のサポートをした経験から、僕の施術で見えてきたことがあります。

それは僕の施術だけでは、患者さんの痛みを完全にとることはできないということです。

肩こりや腰痛、ひざの痛みなどの慢性的な痛みは、病院に行っても治らない場合があります。そもそも腰痛の85パーセントは、原因不明だと言われていますよね。西洋医学でも限界があるのです。それを補うのがマッサージや鍼灸《しんきゅう》、整体などの東洋医学です。「気」の流れを整えることで根治を目指します。

それでも、なかなか人の痛みは消えません。かりに解消しても、また、いつか再発してしまうものなのです。

原因がわからない痛みには、自律神経が大きく関係しています。

自律神経のバランスが乱れると血流が悪くなります。酸素や栄養がたくさん含まれた血液が全身に行き届かなくなります。血液中の老廃物や疲労物質が代謝されなくなるため、筋肉が縮んで、ガチガチに硬くなってしまうんです。

筋肉のなかを通る血管も圧迫され、さらに血行が滞る、という悪いスパイラルに陥ってしまうのです。

腰痛や肩や首などの痛みの原因は、柔らかい筋肉が硬くなる「筋硬結《きんこうけつ》」から起こります。この筋硬結は、自律神経の乱れによって起こります。骨格のゆがみ、生活習慣の乱れ、食生活の問題によっても起こる場合もありますが、やはり自律神経のバランスが大きく関与しているのです。

筋肉の深い部分にできる筋硬結は、放っておくと大きくなり、それがひどい痛みにつながるのです。

わかりやすく言うと、肩こりは筋硬結がまだ小さいときに起こる症状です。進行すると筋硬結が広がって、最終的に肩全体が硬くなってひどく痛むのです。

肩こりの段階で、どうするかというと、みんな、自分の手でなんとか揉みほぐそうとします。強い力でマッサージをするんです。

たしかに、揉むとコリはほぐれます。一時的には楽になります。血液の流れが一時的に改善されますからね。でも、揉むことによって、筋硬結がどんどん大きくなっていくのです。筋硬結は外からの刺激に対して、膨れあがろうとするからです。

僕が筋硬結をとるときは、強い力は必要ありません。筋肉を伸ばした状態にして、柔らかく触っていくことで筋硬結は小さくなっていくのです。

ただし、これは根治療法ではありません。また、しばらくすると、こりが出てきて、痛みが再び出てしまうのです。

その理由は、そもそも自律神経のバランスが乱れているからです。

その場しのぎで痛みがとれても、自律神経が乱れたままだと、その人の血流は改善しません。当然、痛みが再発したり、別の部位が痛んだりするのです。

結局のところ、自律神経のバランスが整うことが重要で、それが根治につながるのです。

自律神経をいい方にコントロールできるのは本人だけです。痛みを根っこから治せるのは、患者さんの力なのです。

実践メソッド 20

ケガに強い体を作り、疲労を蓄積させない

## 良質な睡眠を誘うツボ

多くのスポーツ選手たちを指導してきたのが「夜10時には寝るように」ということです。眠りには〝ゴールデンタイム〟があり、夜10時から午前1時と言われています。この時間帯で、とくに浅い眠りのレム睡眠のときに成長ホルモンが大量に分泌されます。

この成長ホルモンは、疲労回復やダメージを受けた細胞の修復を助けてくれるのです。当然、ケガをしたり疲労が蓄積したりしている箇所の修復作業もすみやかに行われます。

また、睡眠の質をあげることも大事なこと。肉体の疲労だけでなく、心の疲れも回復してくれます。

誰でも試合前になると、緊張やプレッシャーからか、床についても眠れないことがありますよね。

そんなとき僕はスポーツ選手たちに「目を瞑って、ゆっくり呼吸をしながら、みぞおちのところを軽く1分ほど押してみろ」と指示しています。

良質な眠りに欠かせないのは、リラックスモードの副交感神経の働きを高めることです。そこで迷走神経を刺激するのです。

脳から腸まで走っている迷走神経は、副交感神経由来の唯一の神経です。みぞおちを押すことで、迷走神経が刺激され、副交感神経が優位に働くのです。いわば、みぞおちは、深い眠りを誘うスイッチなのです。

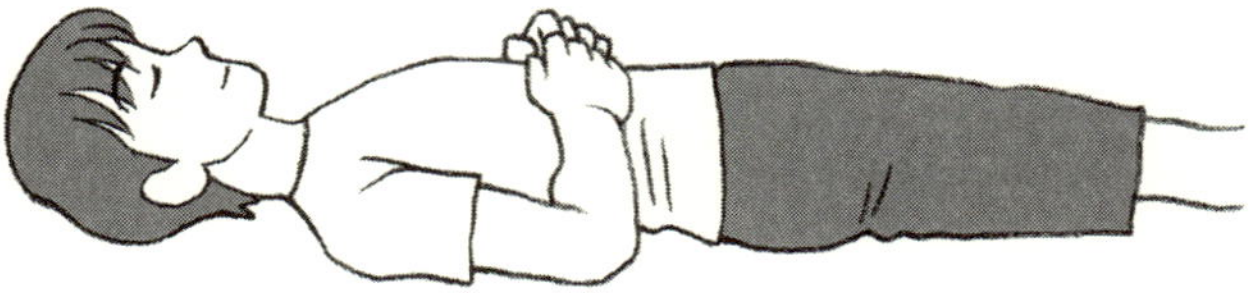

軽くみぞおちを押してやるだけで、
1日の緊張がほぐれていく

実践メソッド 21

脳の疲れがとれていく

# 睡眠の質を高めるスイッチ

スポーツ選手に限らず、仕事や家事の疲れを翌日に残さないためには、しっかり睡眠をとることが最も効果的です。たとえ、接骨院に行ったり、マッサージを受けたりしても、寝ていなければ疲労回復はのぞめません。さらにいえば、僕が同じ施術をしても、睡眠不足の患者さんだと効き目が悪くなってしまいます。

とはいえ、肉体的な疲れの場合は、寝ることにさほど苦労することはありません。しかし、国際大会で時差がある場合、さらにはストレスや重圧、心配事があるなどの〝脳の疲れ〟があるときは、睡眠の時間や質が満足にとれないことも少なくありません。

試合前日や海外遠征先のホテルなどで、実際に行ってもらっているのが「睡眠の質を高めるスイッチ」です。脳の疲れをとり、睡眠の質を高めるためには、寝るときに「リラックスモード」である副交感神経の働きをしっかり上げておくことがポイントです。こめかみには、副交感神経の働きを高めるツボがあるのです。

ポイントは2つあります。左右のこめかみを押すときは、反時計回りにねじりながら押すことです。これで体が「左回旋」（174ページ参照）の緩みの状態になり、リックス効果が高くなります。また、呼吸を意識することも重要。深い呼吸をすることで自律神経のバランスが整い、血流も改善します。心身ともに安らぎを得られることができるのです。

疲れているのに眠れないときには、この寝る1時間前に「スイッチ」を切り替えておくといいでしょう。

**1** 親指を立てて、こめかみにあてる。

**2** 左右とも時計と反対回りにゆっくりねじりながら、3秒ほどかけて押す。強く押すのはNG。親指が少し当たっているのを感じる程度で良い。

# 不調は招くことも、遠ざけることもできる

現代はストレス社会ですよね。そんなストレスフルな時代には、交感神経が優位に働いて、副交感神経が下がったままの状態の人が増加します。自律神経のバランスが乱れると、さまざまな不調を起こします。その結果、病院でも治らないような原因不明の痛みや不調が増えているのでしょう。

でも、自律神経のバランスは、ちょっとした心がけで整えることができるのです。

体の不調を招くのも、遠ざけるのも、その人が、ちょっと意識するだけで変わってきます。そこで、僕は施術後の患者さんとの会話で、指導というほど大げさなものではありませんが、自律神経をコントロールすることの重要さを伝えようとしています。

それは結弦から学んだ大切な「教え」です。

患者さんに伝えたいことは《心をつねに穏やかにして、鏡面のごとき平静を学ぶこと》です。そのためには、

《即座に反省し、即座に感謝することを学ぶ》
《過去の過ちに生きず、今の夢に生きることを学ぶ》
《三悪（貪り、怒り、無知）を知り、三悪を捨てることを学ぶ》

の3つの教えを、心に留めていただけたらと思います。

反省することは大切なことですが、いつまでも後悔しつづけたり振り返っていたりすると、交感神経が高い状態になってしまいます。たとえ失敗したとしても、その失敗によって自分はひとつの学びを得たと考えれば、心は整います。「学べてよかった！」「教えてもらった！」という感謝をすることで、副交感神経の働きがアップするのです。

また、過ぎ去ったことでいつまでもクヨクヨすることは、大きなストレスになります。夢や目標を持って、それを実現するために歩き出すことで、心に迷いが生じません。

「三悪」とは、ネガティブな感情です。なんでもかんでも欲しがること。自分の欲求が満たされなかったり、それを邪魔されたりしたときに生じる怒り。そして物事の善し悪しがわからずに、見栄を張ったり知ったかぶりをすること。妬《ねた》みや慢心、嫌悪や拒絶……。そんな感情を持つのが人間です。

でも、ネガティブな雑感を持ち続けていると、どんどん大きくなります。それを捨てることで心がだんだん整っていくのです。

こんな話をすると、患者さんは不審な顔をします。「そうなのかな？」と、変な顔をして帰って行きます。そんな患者さんは「もう来てくれないかな」と思うけど、またしばらくすると、うちの接骨院に来てくれるのです。「なんとなくわかった気がします」と言ってもらうこともあります。

これまでは自分の施術がうまくいけば、患者さんの痛みは消えるものだと思っていました。痛みが消えなければ、自分がもっと努力すればいいんだと。

でも極論を言うと、僕ができるのは治療ではなくて、患者さんが心を整えるためのお手伝いなのでしょう。

実践メソッド
22

## 心が安定すると思い込むことも大事
# お守り代わりのものを身につける

今でも結弦の首元で揺れているペンダント。あのマークは、接骨院のシンボルマークを考えていたとき、タイの寺院で湧いたイメージを形にしたものです。

そのマークを印したペンダントを作り、友人や患者さんに持たせたところ「バランスがとれる」「痛みがない」と言ってくれたことで、結弦もつけ始めたのです。

ペンダントに書かれている「K・I・H・J」の文字は「希望・維持・破壊・慈愛」の頭文字です。

自分が作っておいてなんですが、このペンダントに奇跡を起こすようなすごいパワーがあるとは思えません。結弦はペンダントを身につけることで、夢中でフィギュアをしていた子どもの頃、上手くなりたい一心で練習に励んでいた日々を思い出すのかもしれません。願掛けのように身につけているだけで心が安定するのかもしれません。

ちなみにこのペンダントは偽物が出回っているようですが、それを「これ偽物ですよね」と最初に教えてくれたのは結弦でした。

# わんぱく少年を変えるパワー

小学校の頃の僕は、わんぱく坊主で運動オンチ。駆けっこはいつもビリかビリから2番目。それでいて「俺はオリンピックに行きたい！」という大きな夢を見ていました。思い出すだけでも恥ずかしい……。

中学生になると、兄に言われるまま卓球部に入部しました。ところが、練習といっても校庭をランニングするだけ。おかげで走ることだけが得意になり、その結果、中学を卒業する頃には、ほとんどのスポーツをこなせるようになっていました。スポーツの基本は走ることだと学んだのです。

親父さん（父親）の仕事の都合で、転校につぐ転校。僕たちの時代は、転校生はなにかと注目され、いじられるものでした。友だちと別れては、新天地で一から気のあう仲間を探すことに疲れ、次第に、わんぱくに拍車がかかり……。当時の先生方には大変ご迷惑をかけてしまいました。

そんな僕が高校へ進学すると、熱血教師を絵に描いたようなひとりの先生と出会い、人生が大きく変わったのです。

その先生は、大学時代に少林寺拳法をやっていた方で、わんぱくだった僕はすぐに目をつけられました。まあ当時は、指導という名のもとでボコボコにされたのです（笑）。

しばらくしてその先生から「少林寺拳法部を作るから、お前、やらないか」と誘われ、いつか仕返しをするつもりで入部しました。

しかし、その先生にはとても人間的な魅力がありました。僕を更生させようと必死で、僕も次第に、その先生を信用していくようになったのです。

しばらくすると、僕の口のきき方が変わってくる。先生に敬語を使うようになる。睨《にら》みつけるような目つきもしなくなる。歩き方も普通になる……。「菊地がなにか変だ」と職員室で話題になったそうです。

大学進学を考えたとき、僕は高校1年生のときの素行が悪かったということで、大学への推薦入学で必要な学校からの「推薦状」がもらえなかったんです。そんな学校の方針に反発してくれたのも新米だった先生でした。「誰だって過ちはある。今は更生しているのに、そりゃないだろう」と。他の先生も巻き込んで「菊地を推薦しないのなら、他の生徒の学校推薦も外せ」と抗議してくれたんだそうです。

その方は、全身全霊をかけて僕と向き合ってくれました。持てる限りの力をすべて出してくれたわけです。だから、僕は変われたんです。そして、先生のおかげで、卒業式では最優秀生徒として表彰されました。

僕はその先生から、人は変われるのだ、という大切なことを教わりました。そして、人を変えるためには、心血を注ぐ覚悟が必要だということを学びました。

これは、トレーナーや柔整師としてスポーツ選手や患者さんと接するときも忘れない、僕の原点です。

# 自然のパワーを取り入れる

2014年のソチ五輪が終わった頃、テレビでネイティブアメリカンの聖地「セドナ」を取り上げる番組が流れていたのを見て、僕はセドナに行くことを決めました。

セドナは、世界有数のパワースポットで、スピリチュアルな癒やし効果があることで知られています。ちょうどトレーナーとして、もっと人体の不思議や自然と向き合いたいと思っていたときで、そこに行けば、何かヒントが見つかるのではないかと思ったのです。

セドナでは、地元のシャーマンとの出会いがあったり、メディスンホイールを見せてもらったりと、さまざまな体験をしました。なかでも、大自然のなかに身を委《ゆだ》ねて、瞑想したのは、なによりの経験でした。

小高い山の上で、太陽が昇る前から目を閉じて座っていると、風が吹いていることに気がつきます。「風って気持ちいいよな」と思います。「風には、すごい力があるよな」と考えていく……。太陽が昇ってくると「熱いな。太陽は、火だべ」と感じる。「火というのは、風が吹けば燃えさかるけど、風が強すぎたら消えるな……」

ヨーガやアーユルヴェーダの概念のひとつチャクラでは、土・水・火・風・空が、五大元素として、自然界だけでなく、心身のバランスにも深く関わっています。気のエネルギーの出入口であるチャクラの考えがスーッと体に入ってきたんです。

痛みについても、ツボを押したり鍼《はり》をうったりするだけでなく、もっと大きなものから施術していくことはできないかと考えるようになりました。

東洋医学には、この世に存在するものを、木・火・土・金・水の5つの要素に分ける五行説があります。人間の体も、自然のひとつですから、この五行説を五臓六腑にあてはめています。さらに、人の体を巡るエネルギーである気の流れを重要視します。

「ひょっとして、古代中国の東洋医学も、インドの伝統医学アーユルヴェーダも、ギリシャのユナニ医学も、ネイティブアメリカンでも同じことをやっているんじゃないか？」

さまざまな土地に根づいている治療法は、その根源は同じではないかと思うようになったんです。さらに人間の体も自然の一部。そこに生じる痛みや不調を改善することも自然界からアプローチできないかと考えるようにもなりました。

たとえば、月の満ち欠けも、人の体に影響を与えるかもしれない。「ひょっとしたら痛みをとる施術や調子を整えるときにも、月の引力が関わっているんじゃないか」と考えては、文献を調べて勉強する日々を過ごしていました。そこから導き出されたのが、自律神経を整えることと肉体的なバランスをとることの重要性です。

たとえば腰痛についてわかりやすく説明すると、腰のバランス点は胸骨の上のほうに表れます（症状によって異なります）。うちの接骨院では、腰の治療を施した後に、胸骨の上、胸の真ん中あたりを、約1分間3キログラムほどの力で圧をかけます。腰の痛みが消えるとともに、滑《なめ》らかな感覚を覚えると患者さんは言ってくれます。

また、首が痛いときには、同じように施術をした後に、胸骨の下方（剣状突起《けんじょうとっき》付近）に圧をかけることで、症状の改善がより期待できるのです（施術を受ける患者さんの状態によってバランス点は微妙に異なります）。

このように痛みや不調を訴える原因は、かならずしもその疼痛《とうつう》部位にあるのではなく、症状、箇所、状態により多くのバランス点が存在し、これらを知った上で使い分ける必要があることがわかりました。

とはいえ、まだまだ痛みをとる施術にはわからないこともたくさんあります。多くの人の痛みがなくなるように、これからも、この仙台の小さな接骨院で頑張っていきたいです。

実践メソッド 23

痛みの原因は別のところにある

# 痛みをとる体内バランスを知る

患者さんの痛みをとるため、東洋医学からインドの伝統医学アーユルヴェーダやタイ古式マッサージ、古代ギリシャのユナニ医学など、さまざまな土地に根づいている治療法を学んできました。しかし、世界で闘う結弦の痛みを解消してきたことで、痛い所をマッサージしたり、ツボを押したりするだけでなく、もっと大きな視点から施術していくことの重要性に気づきました。そこで辿り着いたのが、人の体を巡るエネルギーである気の流れや、体や心の働きをコントロールするチャクラを重要視した施術方法です。

痛みの原因は、その疼痛部位だけにあるわけではありません。気の流れを見て、違う部位を刺激することで、痛みがやわらぐことがあるのです。こんなことを書くと、また〝怪しい気功師〟と言われてしまいますが、首や肩、腰など痛いところを施術したあとに、別の部位をマッサージします。それで痛みがやわらいだ患者さんも少なくありません。

僕が大切にサポートしている人たちの痛みをなんとかしたい、ケアをしている選手たちを勝たせたい——。そんな思いが施術方法を一段階上げてくれたのです。

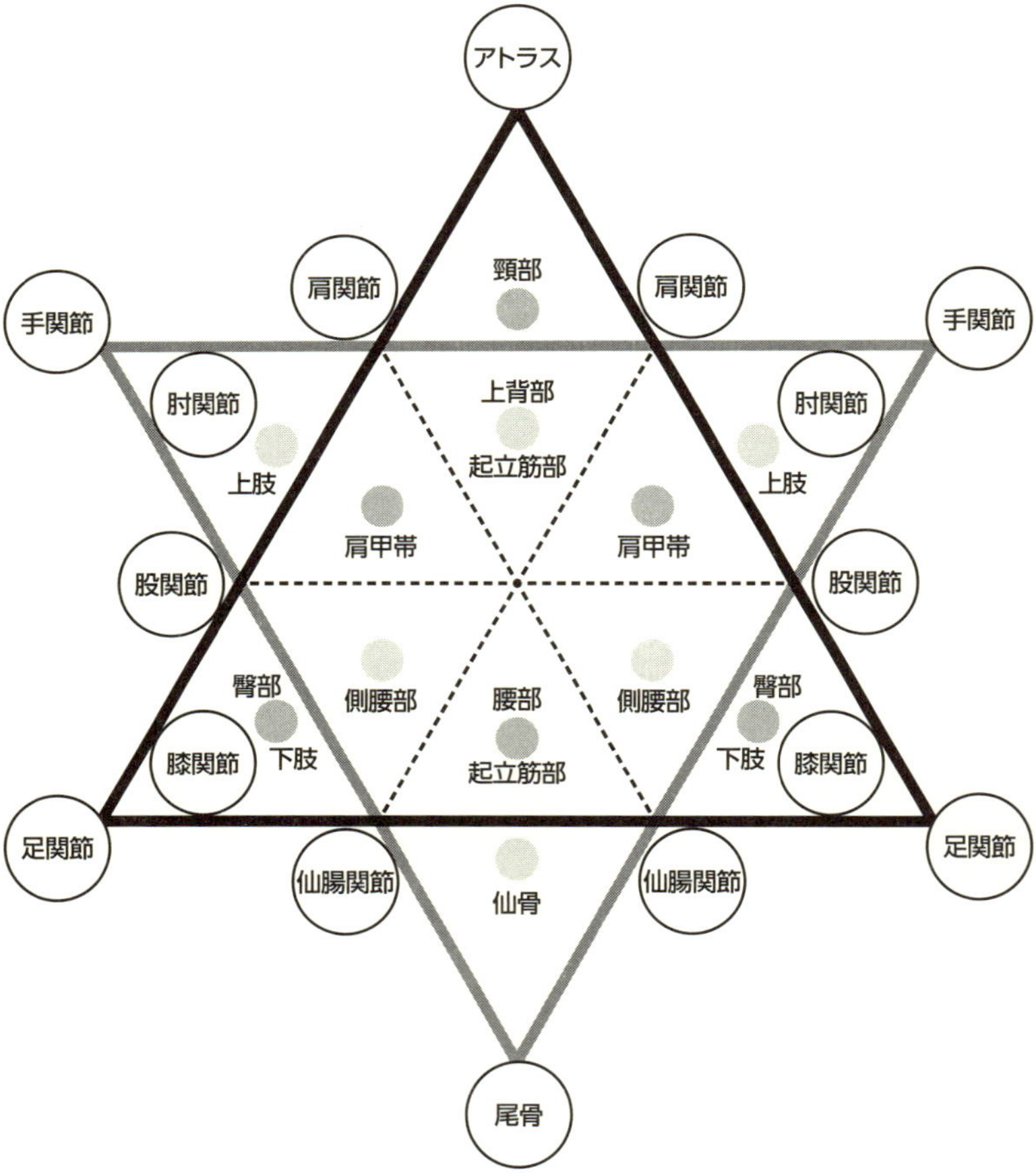


上の《六芒星》を真ん中から上下に折ると、疼痛箇所とは別に刺激することで痛みをやわらげる箇所（バランス点）が一目瞭然に。

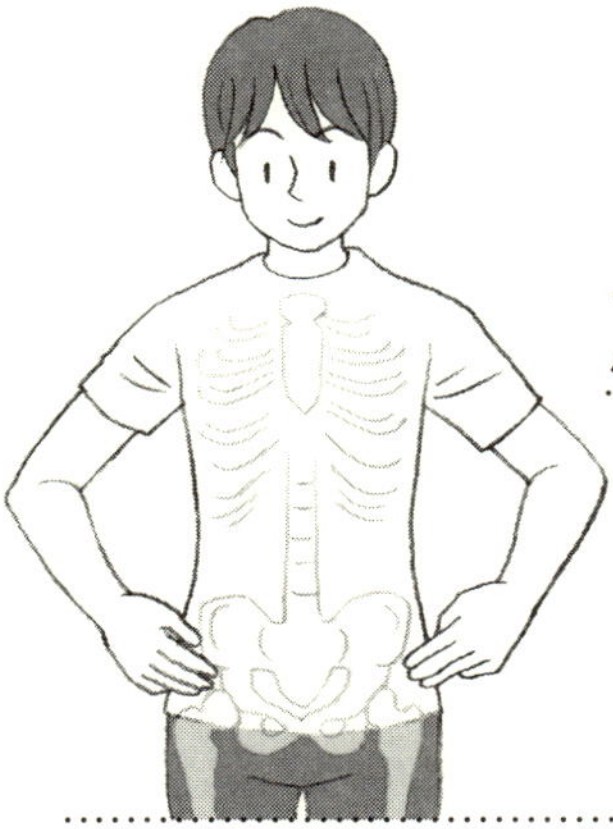

**肩**

肩の痛みは肩の筋肉の深部で、筋肉が硬くなるしこり「筋硬結」ができているから。骨盤の真下にある股関節の部分を１分間、３本の指で押し揉みほぐす。

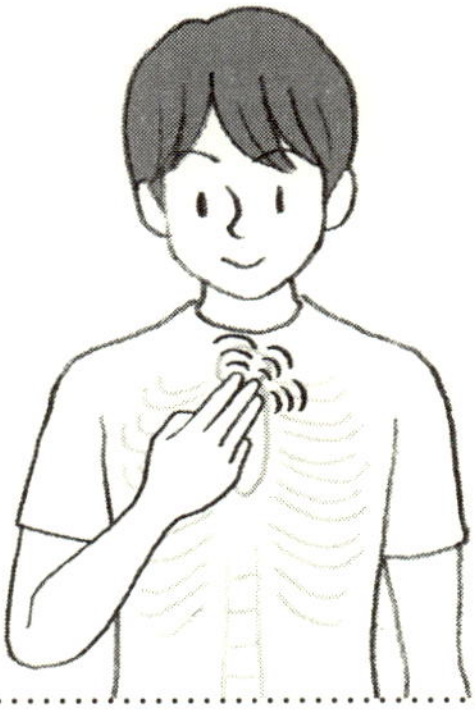

**腰**

腰の痛みをやわらげる場所は、胸の真ん中にある胸骨の上にある胸骨柄の少し下あたり。そこを３本の指で「グリグリ」と１分ほど少し強めに揉みほぐす。

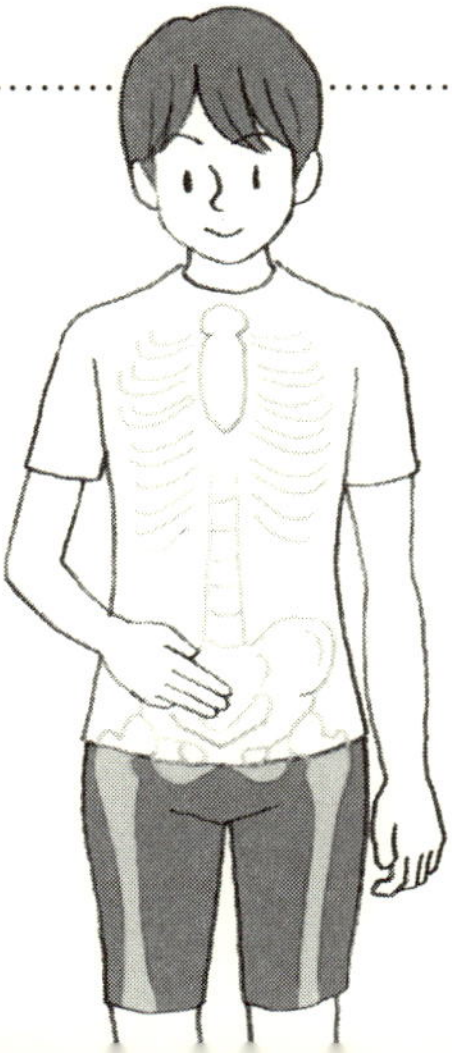

**首**

首まわりのこりや痛みは、下腹にある恥骨の上部周辺の筋肉を刺激することで解消されることも。１分程度、ちょっと痛いなという程度の力で押す。

実践メソッド 24

## 軽い「手当て」で生体の流れを整える
# 2人で行う骨盤矯正ストレッチ

普段の僕の施術は、患者さんが痛がったり、コリがあったりする部位とは違うところに手を当てたり、押し棒で軽く押したりするだけです。初めて施術を受けられた患者さんは「あれ?」という表情をします。痛い思いもしなければ、コリが無理やりほぐされて気持ち良くなることがないからでしょう。

肩のコリや痛み、腰痛コリなどは、マッサージをすることで楽になることは間違いありません。しかし、それは一時的に楽になっただけです。すぐに再発して、いずれ慢性化し、接骨院やマッサージ店通いがずっと続きます。

痛みの原因がハッキリわかっている場合は、まずは病院で治療してください。それでも痛みやコリが治らない場合、僕は「生体の流れが滞っている」という視点から診ます。痛みやコリの原因は、発生した部位にあるのではなく、違うところに原因があると考えています。

僕が影響を受けた故・柯尚志《こうしょうし》先生（元日本遠絡医学会理事長）は、生体の流れが滞って

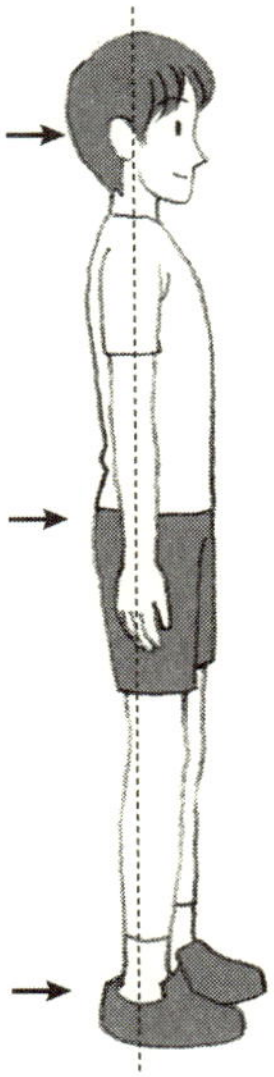

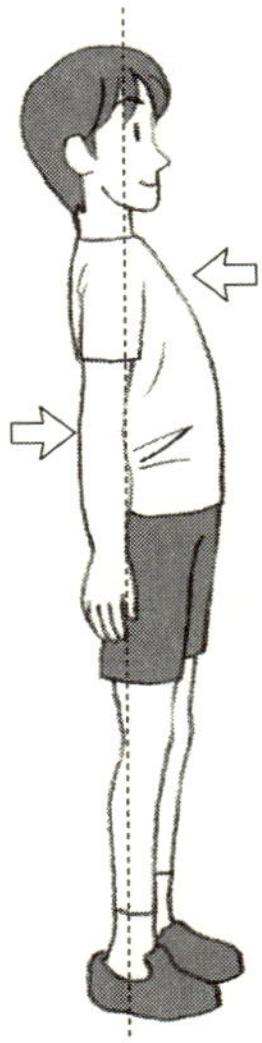

**1** 骨盤は、疲労や長時間のデスクワークなど些細なことでゆがむ（位置がずれる）。骨盤が正しい位置にあると、イラストのように、耳からかかとまでが一直線になる。

**2** 骨盤を正しい位置に戻すには、相手にみぞおちの少し上あたりと、腰の上あたりを軽く圧迫してもらう。

いる状態を「痛みや病状は、川の流れが土砂災害でき止められて氾濫を起こし、本来の川に水がスムーズに流れなくなってしまったのと同じ原理で引き起こされる」と語っていました。

僕の役割は、患者さんの生体の流れのなかで〝氾濫を起こしている〟ところを見つけ、スムーズな流れに戻すこと。そこには、ボキボキとしたり、痛みを伴ったりするような施術は不必要です。

骨盤のゆがみが、さまざまな不調を招くことはよく知られています。コリや痛みの原因が、骨盤のゆがみに合った場合には、患者さんに説明して、次頁で紹介する施術をします。これを繰り返すことで、骨盤の位置を正しくする意識が働くのです。

患者さんの自己治癒力を高めてもらい、自分で不調を治すことが大事です。僕はそのお手伝いができればいいのです。

実践メソッド 25

関節の可動域を広げる

# 2人で行う肩こり解消ストレッチ

運動をする前には、みなさん何気なくストレッチをすることがあるでしょう。ですが、正しくやらないと逆効果になることはあまり知られていません。子どもたちの部活動を見ていても、練習前にそれぞれが筋肉や腱（骨と筋肉をつなぐ組織）をほぐそうと、アキレス腱を伸ばしたり、太ももの筋肉を伸ばしたりしますが、間違った方法をしているケースが多く、これではケガを誘発するといってもおかしくありません。

結弦のウオーミングアップでも、ストレッチを取り入れていますが、1人でやるストレッチは基本的にはやらせないようにしていました。それは筋肉を伸ばすことだけを意識してしまうからです。

フィギュアの演技に限らず、人間は筋肉や腱《けん》を伸ばしたり、縮めたりすることでスムーズに動作を行うことができます。多くのストレッチでは筋肉を伸ばしますが、実は一度伸びきった筋肉は、なかなか元に戻らないのです。しかも、伸びきった筋肉は硬くなり、動く範囲も狭くなる性質があります。その状態で演技をすると、バランスが崩れしまい、肉離れや転倒などのケガにつながるのです。

さらにいえば、筋肉には「表層筋」と「深層筋」の2種類あり、それが重なったり交差したりしています。安易なストレッチだと、表面部分を被う「表層筋」だけが伸びてしまい、インナーマッスルといわれる「深層筋」は動かないままの場合が多いのです。

それを防ぐためには、ストレッチする部位の筋肉（表層筋）を他人の手で軽く押さえることです。それだけで「深層筋」も同時に動くようになるのです。

この場合でも、筋肉を伸ばそうという意識はあまり持たないほうがいいのです。あくまでストレッチは関節の可動域を広げることが目的。関節の動きが良くなっているかどうか、ということに気を配ったほうがいいのです。

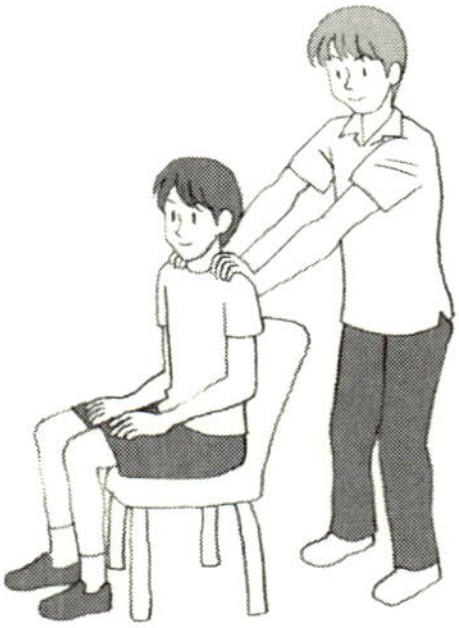

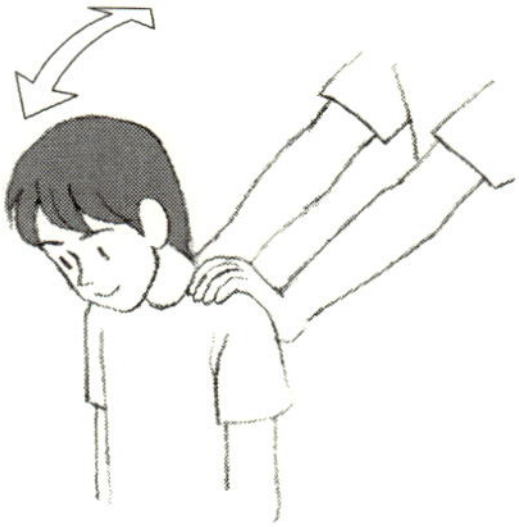

**1** 相手に肩（僧帽筋のあたり）を２〜３キロほどの圧力で押してもらう。

**2** そのまま首を前後にゆっくり３往復振る（1往復に５秒ほどかける）。

**3** 次に同様に、首を左右にゆっくり３往復振る。

**4** 最後に、両肩を３回大きく上げ下げする。

実践メソッド 26

## 全身の血流を改善させ、腰や肩のコリをとる
# 左回旋の動きを心がける

東洋医学には、体が「右回旋」だと締まり、「左回旋」だと緩む、という考え方があります。鍼灸でも、気を補う「補法」、気を取り去る「瀉法」という治療法があります。その際も、鍼を右に回しながら刺すと「締まる」ため効果的に「補法」ができ、反対に、左回転させながら鍼を刺していくと「緩む」ため、的確に瀉法ができるのです。

これらをヒントにして考えたのが、全身の血流を改善させるストレッチです。体を「左回旋」の状態にすることで、全身が緩み、血流が良くなります。僕の「体幹トレーニング教室」でもさかんに取り入れていたストレッチです。

アスリートが試合中に高いパフォーマンスを出すためには、日頃から、全身の血流が良い状態であることが不可欠です。血行が良くなると、毛細血管で被われている筋肉のすみずみまで新鮮な酸素と栄養が届くからです。しかし、ちょっとしたストレスやプレッシャー、疲労の蓄積で血流はたちまち乱れてしまいます。そんなときに血流を改善させるストレッチが有効です。

全身の血流を良くさせるためには、東洋医学でいう「全身を『左回旋』の状態にするこ

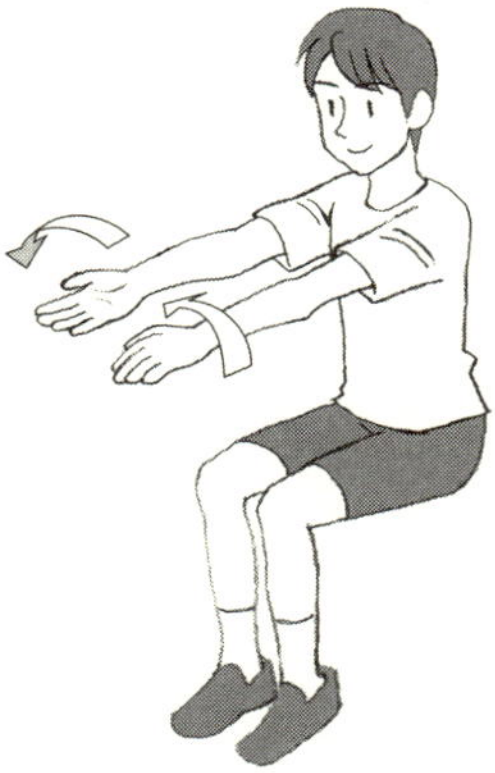

**1**　前ならえをするように両腕を前に出し、右前腕は「回外」（手のひらが上を向くように腕を外側にひねる）、左前腕を「回内」（手のひらが下を向くように腕を内側にひねる）する。この状態で体が「左回旋」になる。

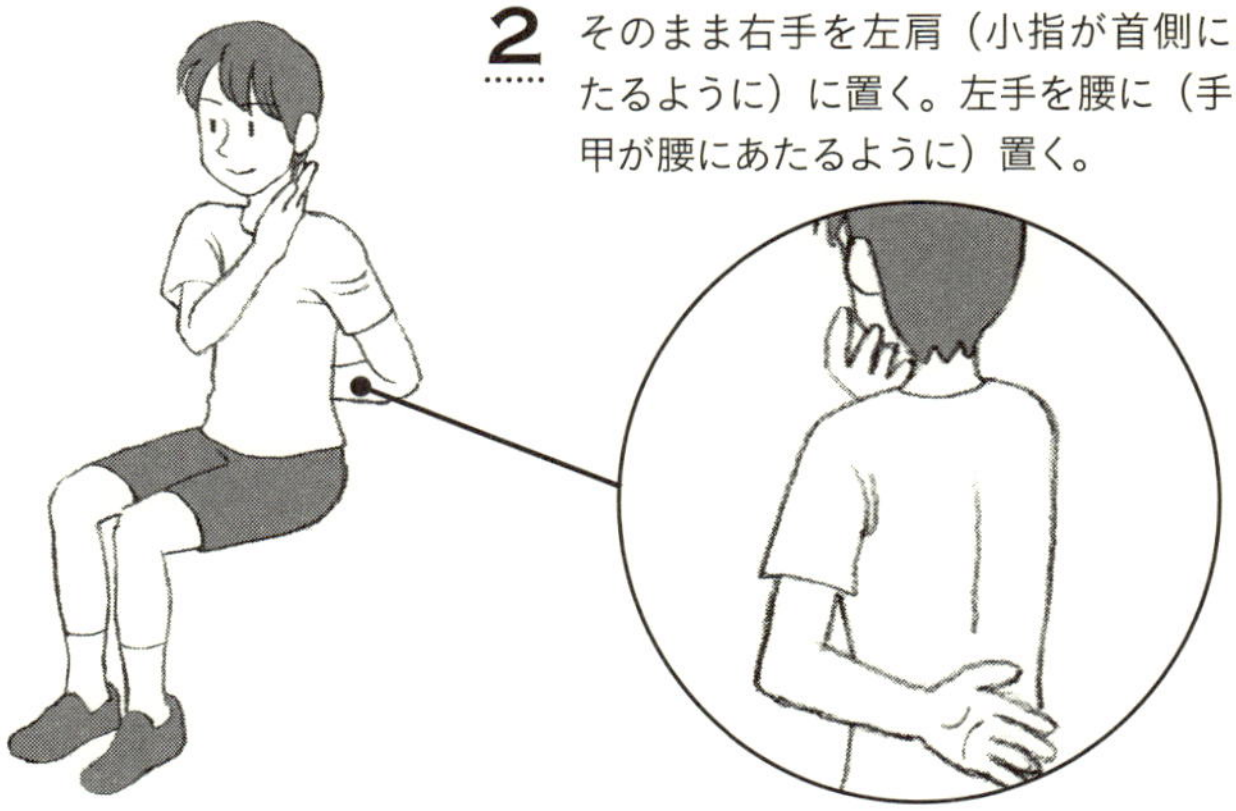

**2**　そのまま右手を左肩（小指が首側に当たるように）に置く。左手を腰に（手の甲が腰にあたるように）置く。

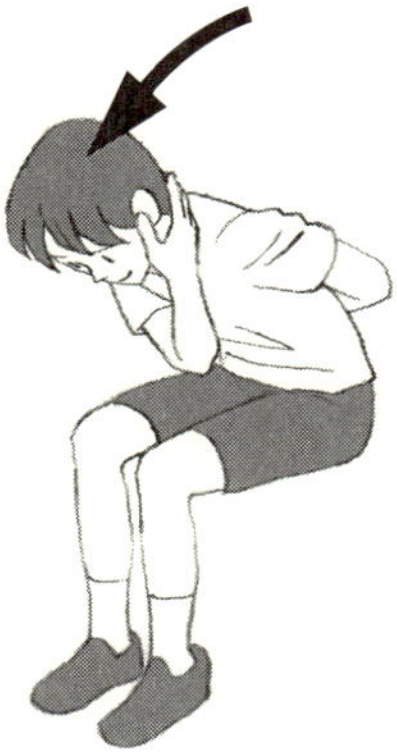

**3**　**2** の状態のまま、3回おじぎをするように前傾する。

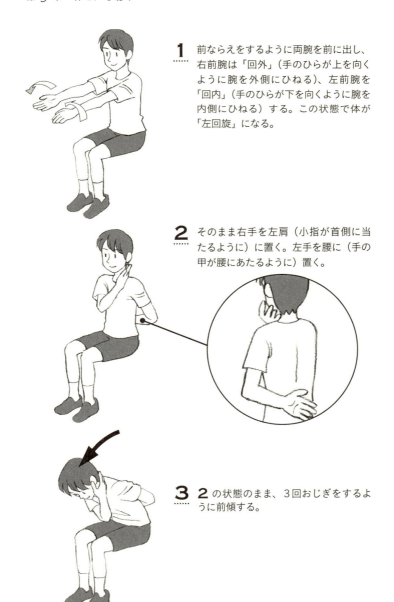

と」が不可欠です。とりわけ現代のストレス社会では、全体的に「右回旋」で日常を過ごしている人が圧倒的です。体が「締まっている」状態で生活していると、血流も滞っていきます。その結果、腰や肩のコリ、痛みを起こしやすくなるのです。

マッサージでコリをほぐす人も多いでしょうが、全身の血流を改善させるためには、右回旋になっている「体質」を左回旋に変えること。マッサージなどに頼らず「体質改善」をしてコリを解消しましょう。

実践メソッド
27

## 手のひらで「手当て」できる不調
# 腕から「体の声」を聴くツボ

腰に違和感(「痛み」ではない)がある場合は、左の上腕下部(上腕二頭筋、ひじの少し上のあたり)を手のひらで軽く圧迫します。そして手首を回内(手のひらが上を向くように腕を外側にひねる)させ、ひじ関節を屈曲させるようにすると良いでしょう。

ひざが痛い場合は右の前腕上部(ひじの少し下あたり)を手のひらで圧迫し、圧迫させながら手首を回外(親指が外側に向くように腕をひねる)・屈曲させるようにすると良いでしょう。これらを7回ほど繰り返してください。

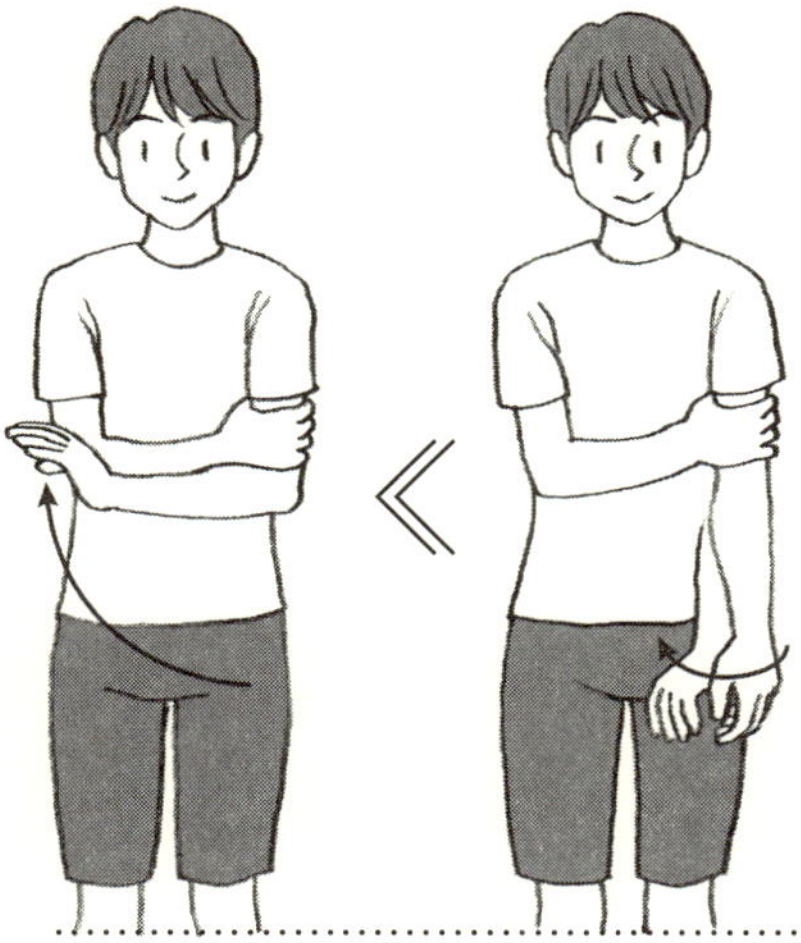

## 腰の違和感

**1** 腰の違和感があるときは、上腕二頭筋を手のひらで圧迫する。そのまま手首を回内させる。

**2** 逆の腕に近づけるよう、ゆっくりと腕を曲げていく。

**3** 腕を下ろして1の位置に戻し、回内していた腕をもとに戻す。**1～3**を7回繰り返す。

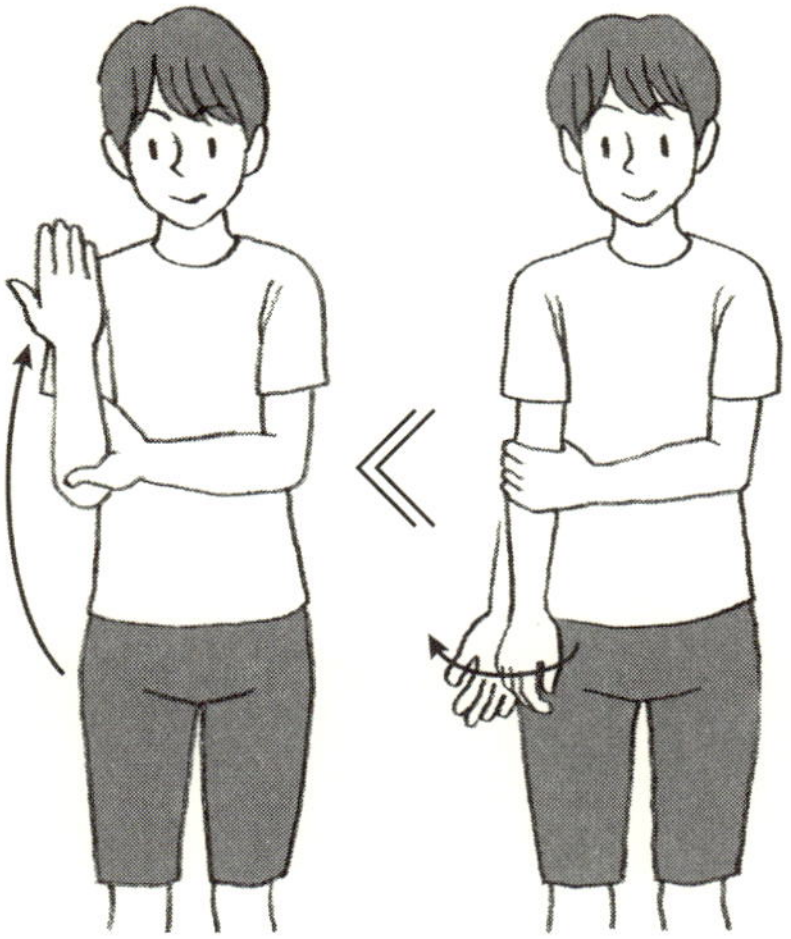

## ひざの違和感

**1** ひざが痛いときには、ひじの少し下を手のひらで圧迫させる。そのまま手首を回外させる。

**2** 回外させた腕を、ゆっくり肩に引き寄せるようにしてひじを曲げていく。

**3** ひじを伸ばして、ゆっくり1の位置に戻す。**1～3**を7回繰り返す。

実践メソッド
28

# 首コリが楽にほぐれるツボ刺激ストレッチ

ふたりで行うストレッチ

頭と体をつなぐ首には太い血管や大事な神経が走っています。首のコリを放置しておくと、全身の血流が悪化。自律神経のバランスも乱れ、体にさまざまな影響を与えます。

首のコリは、先ほど書いたように姿勢の悪さだけではありません。試合前の緊張やプレッシャーによるストレス、演技に向けて意気込みが強すぎるときなどでも首のコリがはじまります。フィギュアでは、ちょっとした首のコリでさえ、演技を大きく左右してしまうのです。

そんなときに行っていたのが、顔にある咀嚼筋《そしゃくきん》のひとつ「咬筋《こうきん》」の上部を軽く3本の指（人差し指、中指、薬指）で押さえながら、首を左右、上下に動かすストレッチです。

大事な試合前で、不安を抱えたり、ストレス過多な状態だったりすると、無意識のうちに奥歯をぐっと噛みしめていることが少なくありません。口もとに力が入っていると、顔の表情も硬くなるだけでなく、演技のきれにも影響します。

咬筋を押さえながら首を動かすストレッチは、首のコリが楽になるだけでなくリラックス効果もあり、表情が和らぎだします。

このストレッチは、誰かに咬筋を押さえてもらうと効果的ですが、ひとりでも行えます。長時間のデスクワークの途中、寝る前などにやると、顔の表情筋などがゆるみ、リラックスした気分に。目の疲れや頭が重いときにも有効です。

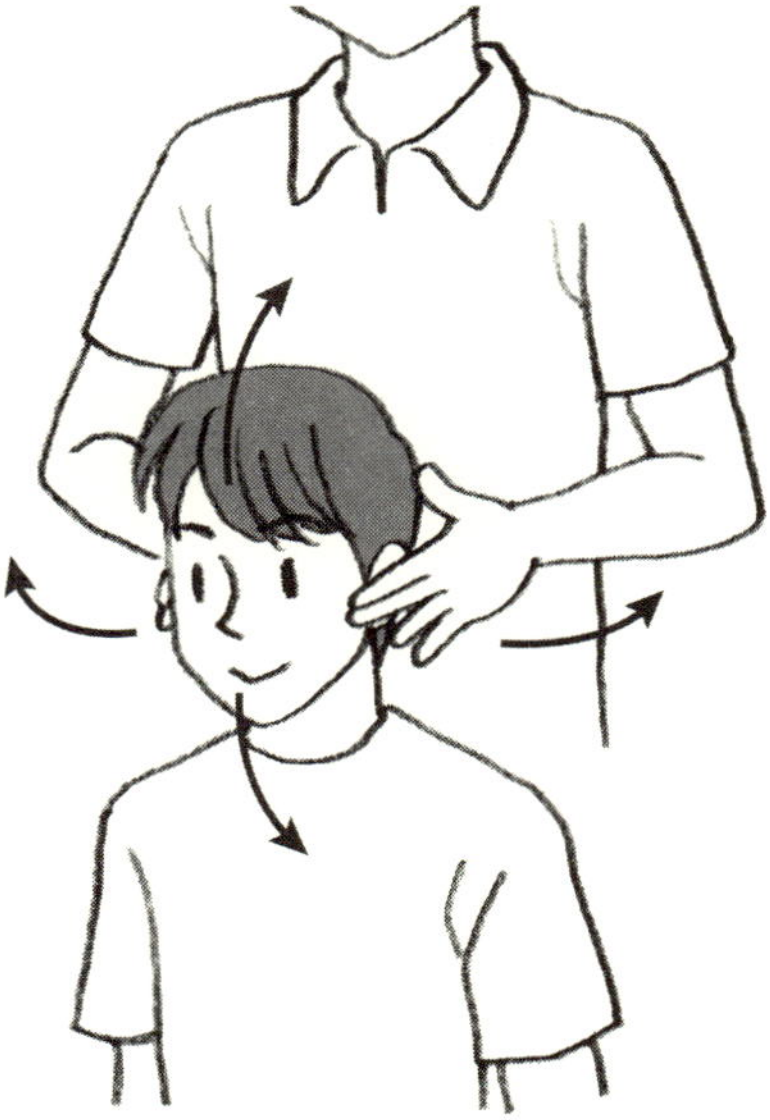

押さえるポイントは、奥歯を噛みしめて力を入れたときに、頬の耳の前あたりでプクッと動く部分。そこを軽く指で押さえながら、首を左右３回、上下３回ずつゆっくり動かす。

実践メソッド
29

## 背中のコリが楽にほぐれるツボ刺激ストレッチ

### 長時間同じ姿勢が続くときに

世界中を転戦するトップ選手にとっては、試合だけでなく、飛行機やバスなどでの長時間の移動も戦いのひとつです。長い間、椅子に座って、同じ姿勢を続けていると、確実に背中が丸くなります。その結果、首の周辺、肩甲骨から背中にかけての筋肉に疲労がたまり、コリがはじまります。

そんな長時間の移動をしてきた直後に最適なのが、背中のコリをほぐすストレッチです。実は、背中のコリは、首や肩のコリとは違い、本人は気づかないことが多いのです。しかし、神経や血管が通っている背骨を支える背中のコリを放っておくと、血行が悪くなり、疲労がとれにくかったり、集中力がなくなったりと、さまざまな不調があらわれます。また、フィギュアスケートで大切な中心軸のずれにも深く関わってきます。

本来はトレーナーとして選手にやってもらうストレッチですが、ひとりでも簡単にできますので、長時間の移動や仕事のあとにぜひやってみてください。

**1** まっすぐ背筋をのばし、両腕を胸の前で組むようにして、３本の指（人差し指、中指、薬指）で肋骨をつかむようにする（中指の高さは乳頭の位置に）。

**2** 肋骨を指でなぞるようにしながら、少し痛がゆいところを押さえる。

**3** 指で押さえたまま、ゆっくり呼吸をしながら首を上下に3回振る。

**4** **3**と同じように首を左右にも3回振る。

実践メソッド
30

ふたりで行うストレッチ

# 腰痛や腰のコリを軽減させるストレッチ

腰痛があると、マッサージ店に行き、痛いくらいの力で揉んだり、グリグリ押してもらったりする人がいます。それが最も効果的だと思っているのです。つまり、腰痛は自分では治せないと思いがちです。

たしかに、強いマッサージを受けると、一時的に腰周辺の筋肉がほぐれるので、痛みが軽くなった気がするかもしれません。しかし、揉んだり押したりすれば、その部分の筋肉や腱は、逆に硬くなろうとします。それに加え、痛みを感じたストレスで交感神経が優位になります。血流が悪化し、筋肉に酸素や栄養が豊富な血液が行きわたらないだけでなく、蓄積した疲労物質も排出されなくなってしまいます。結果的に腰痛は慢性化し、症状はますます悪化します。

私が腰痛や腰のこりがある選手に行っているのは、触れているかどうかわからない程度の力で押さえるだけ。押さえるところは、お尻にあるコリコリした「硬結《こうけつ》=しこり」です。腰に違和感があると、お尻にしこりができます。

そのしこりを軽く押さえながら、あとは選手自身に足を動かしてもらいます。

腰痛の85パーセントは、原因がわからない痛みと言われています。姿勢やストレスなどいろんな要因がからみあっているのでしょう。

つまり、腰痛を治すのは、私ではないのです。（病気が関係していない）腰痛は選手自身で解消するほかないのです。私がやるのはそのお手伝いだけ。しこりの部分を軽く押さえるだけでも、負担がかからないような本来の腰の動かし方が、少しは理解できるのかもしれません。

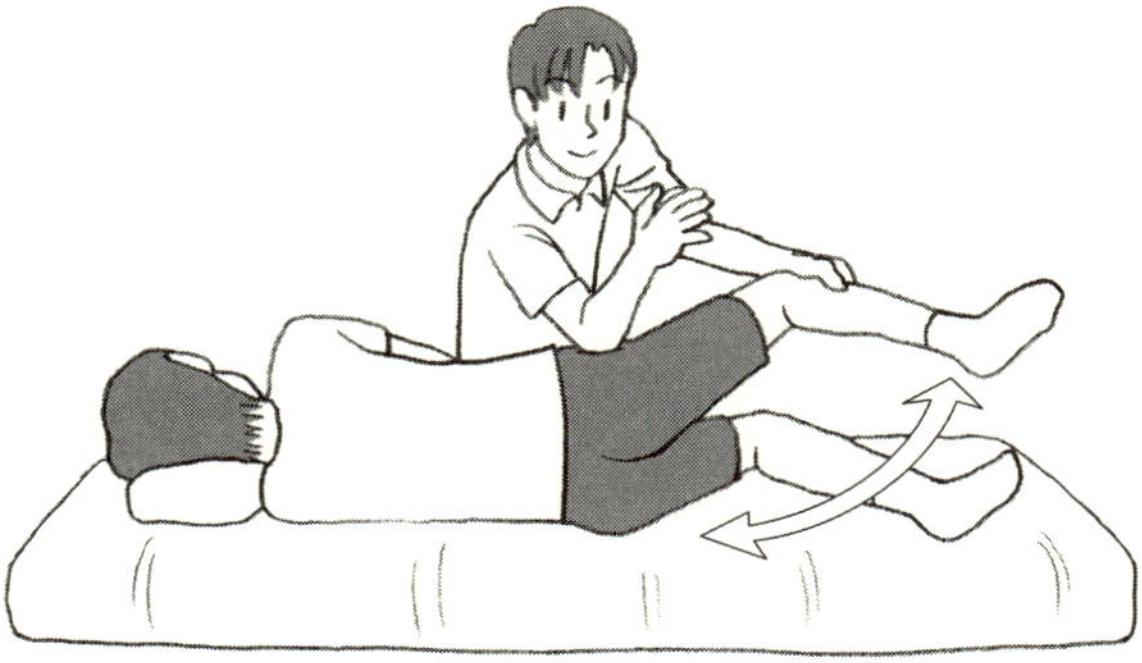

**1** （ヒザを曲げて）横向きに寝ている人のお尻の部分にあるしこり（硬結部分）を手で探る。

**2** コリコリした感触の部分に、ひじを置く（指や手だと力が入りすぎる）。

**3** 上になった足を、ひざを曲げた状態で前後に動かす（寝ている人が自分で動かしてもよい）。

## あとがきにかえて

僕は、平昌五輪後の２０１８-19シーズンを前に「チーム結弦」を抜けました。

平昌五輪の直後に、結弦から、

「先生、これからもよろしくお願いしますね」

と言われ、「あ〜いいよ」と簡単に答えましたが、日本に帰ってきてから、考えを改めたんです。これ以上、結弦の足を引っぱりたくないからです。

結弦は、最高の演技をするために、試合前から1分、1秒も狂わないような、完璧なルーティンを組んで調整していきます。研《と》ぎ澄まされた感覚とピーンと張り詰めた緊張感のなかで、結弦がそのためにどれだけ精進を重ねてきているか、僕もわかっています。

ただ僕には、その1分、1秒を調整するトレーナーとして、精神的にも肉体的にも年をとりすぎました。もし僕がミスして、あいつのルーティンを狂わせてしまったら……。あいつは新しい4回転ジャンプに取り組んでいます。まだまだ進化していくことでしょう。そうやって歩いていく結弦の足を引っぱりたくはありません。

平昌五輪のあと、結弦に送ったメールの最後にこう書きました。

《今度は自分のために歩いていけ、自分の足で歩け！》

まあ、そのメールの返事はありませんけれど。でも、それでいいんですよ。

「あ、先生、この前、メールありがとう」

どこかの会場で、観戦している僕をみつけて声をかけてくれるでしょう。

この本の中で、僕は羽生結弦選手のことを、一貫して「結弦」と呼んでいます。年老いたジジイが、世界王者を呼び捨てにするなんて——とお怒りの方もおられるかもしれませんが、結弦は僕にとっては、今でも8歳の頃の、あどけなくて人懐っこいままの子どもなんです。国民栄誉賞受賞者という肩書きが増えましたが、僕にとっての結弦は、あの頃の結弦そのままなのです。それは「チーム結弦」を卒業した今も同じです。

結弦――。お前のおかげでスポーツの祭典オリンピックを経験することができたよ。ありがとう。誰もが一度は経験してみたいと思うオリンピックに2度も連れて行ってくれてありがとう。

ソチ五輪のあとも、お前は上を、常に上を追いかけるもんだから、僕まで追いかけなければならないようになってしまった。ジジイの僕には正直言ってきつかったよ。でも、僕が柔整師としてのスキルを磨いてこられたのは、現状に甘えない結弦の引き上げがあったから。本当にありがとう。これからも多くの方々に愛されるアスリートでいてほしい。

たくさんの結弦ファンの皆さま――。皆さまが結弦を応援してくださるたびに、「あぁ！　結弦もこんなにたくさんの方々に愛され応援していただける選手になったんだなぁ」と、目頭が熱くなりました。皆さまのその応援を目にし、私もトレーナーとして貢献する覚悟を決めることができました。これからも結弦の応援をよろしくお願いいたします。

元仙台育英学園高等学校教員の大場幸先生――。道に迷い人を信じられなくなった高校時代に人を信じることの大切さと真の勇気を教えてくださいました。ありがとうございました。おかげさまでこのような本を出させていただける男になりました。先生の教えは、今も自分の心の中に大切にしまっております。

スパイラル・テーピング協会の田中信孝先生――。施術に迷い悩んでいたときに、痛いところに原因はなく、別のところに隠れていると気づかせていただきました。ボディバランス！　ここから僕の「筋肉の使い方」の探究が始まり、治療に、ウオーミングアップ指導の向上につながりました。ありがとうございました。先生の理論と一緒に僕はオリンピックにおりました。感謝の言葉しかありません。

遠絡療法の創始者・柯尚志先生――。痛みをとることに迷ったときに、先生に遠絡療法を教えていただいたおかげで、難解であった奥深い東洋医学を身近に感じることができました。生前にご挨拶ができず申し訳ありませんでした。本当にご指導をいただきありがとうございました。これからも痛みに苦しむ方々のために、お力をお貸しください。

日本テニス協会、元ゼネラルマネージャーの小浦武志先生――。トレーナーの道を歩み始めたばかりの僕の手を取り「これからのトレーナーはこうあるべきだ」と教えていただきました。おかげさまで、真に必要とされるトレーナーとしてここまで来られました。

共栄福祉車輌・砂子勝明さん――。いつも無理難題を言うのに、それを結弦のためならと徹夜してまで期間までに完璧に作ってくれる心強い仲間です。ありがとうございました。あのバケツイスは完璧でした。

白石市の弥治郎こけし工人の佐藤英雄さん――。いつも施術で使う押し棒を、要求したとおりに仕上げてくださり、ありがとうございます。おかげさまで良い刺激を患者さんに伝えることができて助かっております。これからも良い押し棒をお願いいたします。

そして、本書の執筆をご提案してくださった光文社の田邉浩司さん、三野知里さん、丁寧に取材してくださった山内太さんにも御礼申し上げます。

羽生家の皆さま――。このような形で僕が本を書くことをお許しくださり、本当にありがとうございました。

結弦と過ごした15年間、僕は楽しい時間を過ごすことができました。誰もが夢見るオリンピックに2度も呼んでいただき、幸せ者です。この感謝の気持ちは一生忘れるものではありません。僕は「チーム結弦」から卒業させていただきましたが、これからも皆さまのご活躍を陰の応援団として、お祈りさせていただきます。頑張ってください。

僕の妻にも、心からの感謝を。

オリンピックに帯同するにあたり相談したときに、「お父さんは夢を追いかけてここまで来たんだから夢を追いかければいいよ！　行って来なよ」と、僕のわがままを受け止めて、いつもいつも笑って許してくれたお母ちゃん。長期間にわたって不在にしてしまい、寂しい思いをさせてしまったね。ごめんよ。それでも毎回、大会に帯同するときには笑顔で送り出してくれて、本当にありがとう。こんな言葉じゃ感謝しきれないのはわかっているけど、お母ちゃんと一緒になれて幸せだよ。お母ちゃんには苦労ばかりかけてしまったね。ごめんよ。残された僕の人生は、お母ちゃんのために捧げると決めています。これ以上は恥ずかしいから、僕の最後のときにね（笑）。

近所の柔整師のおじさんとしてではなく、トレーナーとして結弦に関わるようになって、強く感じることがあります。それは、人はどうなるかわからないということです。

僕が出会った8歳の結弦は、将来、オリンピックで金メダルをとるとはとても考えられませんでした。でも、彼は信念をもち続け、努力してきて、今の結弦になっているのです。

小学校、中学校でヤンチャなことをしていた僕が、2度も五輪を経験して、今では「先生、先生」と言われることだって想像すらつきませんでした。

だから、可能性があるのに「自分は無理だな」と、自分で自分をつぶさないでほしいんです。お子さんがいらっしゃる方のなかには「ウチの子はこんなもんだろう」と思っている人もいるかもしれません。でも違います。可能性はいくらでもあるんですよ。その芽をつぶさないでください。

本書が、そんな「気づき」を与えることができる一助となれば幸いです。

最後にどうしても言いたいことがあります。

結弦！　跳べ！

結弦！　決めろ！

2019年11月　仙台の接骨院にて

菊地　晃

【参考文献】

『夢を生きる』羽生結弦著（中央公論新社）
『一流になる！』小浦武志著（総合法令出版）
『羽生結弦　王者のメソッド　２００８-２０１６』野口美恵著（文藝春秋）
『羽生結弦　異次元の強さをつくる言葉』児玉光雄監修（光文社）
『羽生結弦　連覇の原動力』ＡＥＲＡ特別編集（朝日新聞出版）
『消痛革命』柯尚志著（土屋書店）
『病院で治らなかった痛みとしびれの処方箋』柯尚志著（幻冬舎ルネッサンス）
『一流の人をつくる整える習慣』小林弘幸著（ＫＡＤＯＫＡＷＡ）
『ゆっくり呼吸のレッスン』小林弘幸・末武信宏著（日本文芸社）

［著者］

**菊地 晃** きくち・あきら

1956年宮城県生まれ。'90年、「寺岡接骨院きくち」を開業。プロアスリートから一般の患者まで、不調や怪我をかかえる大勢の人を診てきた。長年にわたり接骨院での施術の傍ら、毎週日曜に仙台市内の体育館で体幹トレーニング教室を開催し、小中学生たちも指導している。2020年東京パラリンピックに向け、パラアスリートのサポートも行う。近年の趣味はサップ。

**強《つよ》く美《うつく》しく鍛《きた》える30のメソッド**

2019年12月30日　初版第1刷発行
2020年2月5日　　第3刷発行

著者　菊地《きくち》 晃《あきら》

発行者　田邉浩司

発行所　株式会社 光文社
〒112-8011
東京都文京区音羽1-16-6
［電話］編集部 03-5395-8172
書籍販売部 03-5395-8116
業務部 03-5395-8125
［メール］non@kobunsha.com
落丁本・乱丁本は業務部へご連絡くだされば、お取り替えいたします。

組版　萩原印刷

印刷所　萩原印刷

製本所　ナショナル製本


ISBN978-4-334-95125-2